Hermann Genz

Das patrikische Rom

Hermann Genz

Das patrikische Rom

ISBN/EAN: 9783744657501

Hergestellt in Europa, USA, Kanada, Australien, Japan

Cover: Foto ©ninafisch / pixelio.de

Weitere Bücher finden Sie auf **www.hansebooks.com**

Das patricische Rom.

DAS

PATRICISCHE ROM.

VON

DR. HERMANN GENZ.

BERLIN,

G. GROTE'SCHE VERLAGSBUCHHANDLUNG.

1878.

DRUCK VON B. G. TEUBNER IN LEIPZIG.

Inhalt.

1. Die patricische Gens.

Auf die Frage nach dem Wesen der römischen Gens verheisst die beste Auskunft jene bekannte Definition bei Cicero top. 6, 29; denn sie wird formell als Musterdefinition gegeben, materiell auf die juristische Autorität des Q. Mucius Scaevola Pontifex gestützt. Nach derselben sind *gentiles qui* 1) *eodem nomine sunt,* 2) *qui ab ingenuis oriundi,* 3) *quorum maiorum nemo servitutem servivit,* 4) *qui capite non sunt deminuti.* Die Genauigkeit der Definition beweisen besonders Punkt 2 und 3, die Unterscheidung der Eltern und *maiores,* die Wahl des Ausdrucks *oriundi,* wonach die Adoption eines Freigelassenen durch einen Gentilen dem Adoptirten nicht die Gentilität verschaffte, aber der Sohn von *ingenuis,* wenn einer seiner weiteren leiblichen Vorfahren auch Sklave war, doch durch Adoption lauter freie *maiores* erhalten und in eine *gens* gelangen konnte.

Nach dieser Erklärung ist also keineswegs jeder römische Bürger desshalb auch *gentilis,* sondern das *ius gentilitatis* ist ein Ehrenrecht, welches man durch *capitis deminutio* nicht blos für eine bestimmte *gens,* indem man sie mit einer andern vertauscht, sondern auch absolut verlieren kann, welches Freigelassene oder Söhne von Freigelassenen niemals, Enkel nur durch Adoption erwerben können. Alle aber, welche überhaupt das Recht der Gentilität haben, sind unter einander *gentiles,* bilden e i n e *gens,* wenn sie dasselbe *nomen* haben. Vgl. Cincius bei Paul. Diac. p. 94: *gentiles mihi sunt, qui meo nomine appellantur.*

Diese Auffassung nun, welche die Namensvetterschaft als einziges Band der Gentilität kennt, hat von der ursprünglichen Bedeutung des Begriffs wenig bewahrt. Denn es lässt sich ja nicht leugnen, dass das Wort *gens* eigentlich das natürliche Geschlecht, den Complex der Blutsverwandten, bedeutet und auf jeden anderen Verband nur in Analogie des natürlichen Geschlechtsverbandes angewandt werden kann. Aber wir finden auch bei den Alten die Anschauung allgemein verbreitet, dass, wenn auch nicht wirklich in allen Fällen die Angehörigen derselben *gens* mit einander verwandt wären, sie es doch nach dem Begriffe der Gentilität eigentlich sein sollten. Auch hielt man wohl die vornehmen *gentes* für wirkliche natürliche Geschlechter oder gab sie wenigstens dafür aus, denn darauf beruhen jene heraldischen Kunststücke, welche den M. Brutus zum

Nachkommen des ersten Consuls, den Caesar zum Nachkommen der Venus machten. Dieselbe Ansicht spricht auch Varro l. l. VIII, 2 p. 393 mit Bestimmtheit aus, nicht als ob er die Verwandtschaft aller derjenigen die unter einander als Gentilen galten, für bewiesen erachtete, sondern indem er (abgesehen von heraldischen Fälschungen bei den Vornehmen und missbräuchlicher Erschleichung unter den Niederen) das Princip der Verwandtschaft im Allgemeinen festhielt. Er wählt desshalb das Beispiel der patricischen Aemilii, weil ihm der Stammbaum eines edlen Geschlechts sicher galt. Dieselbe Ansicht steht bei Paul. Diac. p. 94 in unmittelbarer Verbindung mit der anderen, indem es heisst: *gentilis igitur dicitur ex eodem genere ortus et is qui simili nomine appellatur.*

Bei dieser Verschiedenheit der aus dem Alterthum überkommenen Anschauungen haben denn Neuere, welche an der Idee des natürlichen Geschlechts festhielten, jene Definition bei Cicero verwerfen zu müssen geglaubt, andere dagegen gestützt auf Scaevolas Autorität die Blutsverwandtschaft als Basis der römischen Gentilität überhaupt bestritten.

Es war indess zu beachten, dass wir es bei Cicero mit einer juristischen Definition zu thun haben für den praktischen Gebrauch vor Gericht, dass juristisch als Verwandtschaft nur gelten kann, was vor Gericht als solche erweislich ist, dass, wenn zu Scaevolas Zeit alle, die als Angehörige derselben *gens* galten, auch wirklich blutsverwandt gewesen wären, diese Verwandtschaft sich doch in den meisten Fällen gerichtlich nicht mehr erweisen liess, dass also Scaevola die Verwandtschaft als Kriterium der Gentilität durchaus nicht nennen konnte, sondern andere Kriterien geben musste. Hiernach beweist jene Definition und alle jene Angaben, welche die Sache einfach praktisch nehmen, gegen die Blutsverwandtschaft als ursprüngliche Basis der Gentilität durchaus nichts. Ferner ist aber zu bemerken, dass die Worte bei Cicero ja nicht einem Gesetze entnommen und, solange das Institut der *gens* bestand, gesetzlich massgebend gewesen sind, sondern dass sie sich nur auf das Gutachten eines ausgezeichneten Juristen stützen, welches dem praktischen Bedürfniss seiner Zeit dienen wollte. Nun lässt sich nicht bestreiten, dass es sich im Laufe der Zeit fügen konnte und musste, dass Bürger durch Gleichheit des *nomen* Gentilen wurden ohne Blutsverwandte zu sein, sei es dass bei Namensvettern die Abkunft von Freigelassenen nicht mehr erwiesen werden konnte und so Gentilität erworben wurde, sei es dass bei Anschluss neuer Gemeinden Neubürger, denen allgemeine Gentilität nicht abgesprochen werden konnte, mit Altbürgern zufällig dasselbe *nomen* führten. So konnte ein Scaevola andere praktische Kriterien als die gegebenen nicht geltend machen, wenn selbst seine ideelle Anschauung von der Sache eine andere war.

Fragen wir nun nach den Rechten, welche an einer nur so

äusserlich sich kennzeichnenden Gemeinschaft hingen, so kommen wir auf einzelne erhaltene Bestimmungen der XII Tafeln, unter denen wir hervorheben Gai. III, 17: *si nullus agnatus sit, eadem lex XII tabularum gentiles ad hereditatem vocat.* Hier werden also *gentiles* gerichtlich erweislichen *agnati* an die Seite gestellt als Nächstberechtigte und Quasi-Verwandte. Dass blossen Namensvettern solche Rechte eingeräumt werden, erscheint in hohem Grade auffallend. Wenn wir nun berücksichtigen, wie die römische Jurisdiction denn auch Auswege fand, um solcher Consequenz zu entlaufen, wie prätorische Edicte den *cognati* trotz der *gentiles* die faktische Erbschaft verschaffen konnten, so wird es uns klar, dass wir es mit einer veralteten, wenn auch formell zu Recht bestehenden Institution zu thun haben, welche einst eine bessere Basis gehabt haben muss, die sich durch veränderte Verhältnisse zu Scaevolas Zeit verschoben hatte. Greifen wir aber auf die Zeit zurück, in welcher jenes Erbrechtsgesetz niedergeschrieben ward, auf die Decemviral-Gesetzgebung, so müssen wir unzweifelhaft annehmen, dass man damals noch eine bessere Grundlage der Gentilität kannte oder wenigstens voraussetzte. Das Institut ward durch jene Gesetzgebung weder geschaffen — es ist bekanntlich uralt —, noch erläutert, denn sonst hätte Scaevola nicht eine berühmte Definition geben können. Nun wissen wir aber, dass Patricier in jener und in der vorhergehenden Zeit den Plebejern diejenige Gentilität, welche sie selbst besassen, oder überhaupt jede Gentilität absprachen[1], .dass die Clienten aber bis dahin zu den patricischen *gentes* als Gesammtheiten nur in Clientel standen, also nicht gleichberechtigte Genossen und wirkliche Mitglieder derselben waren. Da nun durch die XII Tafeln eine allgemeine Gentilität ohne weitere Erläuterung anerkannt und einfach angenommen wird, so ist es deutlich, dass sich der Begriff durch jene Gesetzgebung stillschweigend so erweiterte, dass er sowohl auf die patricische Gentilität, als auf das, was die Plebejer so nannten und was man bei ihnen (und den Clienten) etwa so nennen konnte, gleichmässig passte. So entstand von der alten patricischen Gentilität verschieden jene neue allgemeine Gentilität, welche wahrscheinlich als Blutverwandtschaft gedacht wurde, aber nur in der Namensgleichheit ihr praktisch erkennbares Merkmal hatte und desshalb bald in Verfall gerieth.

Wie ist es nun zu erklären, dass die Patricier, in deren Hand doch die Gesetzgebung der XII Tafeln lag, jene Erweiterung des Begriffs der Gentilität und jenes oben erwähnte Erbgesetz zugestanden? Wir hören, dass ein Client des Patriciers App. Claudius den Namen

---

1) Cf. Liv. IV, 2, 5: *conluvionem gentium,* und die Stellen, an welchen von den sacralen Vorrechten der patricischen *gentes* die Rede ist; ferner Liv. III, 33, 9; 27, 1: *patriciae gentis virum* im Gegensatz zum *homo de plebe* und X, 8, 9 *vos solos gentem habere.*

M. Claudius führte[1]), und werden, da später viele nichtpatricische Geschlechter mit patricischen dasselbe Nomen führen, einen solchen Fall wenigstens nicht für vereinzelt halten dürfen. Wie konnten nun Patricier Männern aus dem Clientenstande (man beachte zugleich, dass sich das Clientelverhältniss eben in Folge der Decemviralgesetzgebung allmählich lösen musste) gemeinsame Erbberechtigung mit ihren patricischen Gentilen gestatten? Es ist nur denkbar, wenn alle, die zu einer patricischen *gens* gehörten, wirklich blutsverwandt waren. Dann gingen sie als *agnati* den übrigen *gentiles* im Erbrecht vor. Beispielsweise[*]) waren die patricischen Claudier sicher, dass wenn unter ihnen ein Erbfall eintrat, sie unter dem Titel der *agnatio* die plebejischen Claudier ausschlossen. Dagegen wenn ein plebejischer Claudier ohne *agnati* und ohne testirt zu haben starb, so beanspruchten die patricischen Claudier als *gentiles* Erbantheil.[3]) Das war nicht schlecht überlegt, konnte aus dem alten Verhältniss der Clientel heraus ehedem, wenn auch später nicht mehr, für ziemlich billig angesehen werden; und so findet jenes alte Gesetz der XII Tafeln genügende Erklärung.

Wir wären damit aber zu dem wichtigen Resultate gelangt, dass die patricische *gens,* um welche es sich hier handelt, auf wirklicher Blutsverwandtschaft beruhte.

Dies wird durch alles, was wir über die Einrichtungen des alten patricischen Roms sonst erkunden können, vollkommen bestätigt. Gentilität überhaupt ist entweder wirkliche oder fingirte Geschlechtsgenossenschaft. Für die patricische Gentilität müssen wir nun in Erwägung ziehen, dass die gesammte patricische Bürgerschaft nach Geschlechtern sorgfältig organisirt war, dass die wichtigsten Staatsinstitute zu dieser Organisation in Beziehung standen. Wenn die Erhaltung des leiblichen Geschlechts überhaupt wichtiges Interesse der Culturvölker des Alterthums ist, so wird die reine und legitime Erhaltung desselben erstes Streben und Bedürfniss, sobald sich eine Aristokratie herausbildet; dieses Streben aber zeigt sich nirgends . deutlicher, als wo die Anschauung entsteht, dass ererbte Eigenschaften zum rechten Verkehr mit der Gottheit gehören[4]). Was für den späteren Adel Stammbäume, Ahnenbilder, Wappen, was für eine strengexclusive Bürgerschaft wie die athenische Civilregister unter Aufsicht der φράτορες bezweckten, das suchten die römischen Pa-

---

1) Liv. III, 44, 5 ff.
2) Cf. Cic. de or. I, 39, 176, wenngleich der Fall etwas anders liegt. Die Marcelli wollen den Nachkommen eines ihrer Freigelassenen nach dem Rechte der *stirps*, als einer Unterabtheilung der *gens* (in der That treten sie auch sonst wie eine *gens* auf, cf. p. 31), die patricischen Claudii wollen ihn nach dem Rechte der *gens* beerben.
3) Vgl. noch p. 17 Anm. 2.
4) Cf. Liv. VI, 41 *tradamus deorum curam, quibus nefas est* und *cuilibet apicem dialem, dummodo homo sit, imponamus* und andere bekannte Stellen.

tricier durch göttliche und menschliche Institute, wie sie dem Cultur-
zustande des Zeitalters entsprachen (alle Arten *sacra*, Curienverfassung, Confarreationsehe u. s. w.) zu erreichen: die reine Erhaltung
des natürlichen Geschlechts. Wenn wir dies berücksichtigen, so
stehen wir vor dem Dilemma, die patricische *gens* entweder halten
zu müssen für das natürliche Geschlecht, dessen reine Bewahrung
es galt, oder für ein fingirtes Geschlecht, welches zum Zweck der
Controle der natürlichen Geschlechter, die es umfasste, künstlich
constituirt war. Nach diesen beiden Richtungen theilen sich denn
auch die Ansichten der Gelehrten.

Nun ist aber unzweifelhaft jenes Institut, welches der Controle
und Pflege der Geschlechter diente, in der *curia* zu erkennen. Der
gens könnte also diese Aufgabe höchstens in untergeordneter Weise
und in zweiter Reihe zugesprochen werden. Und so ist es denn
auch von Niebuhr[1]) und anderen geschehen. Diese Ansicht sucht
bekanntlich ihren wesentlichen Grund in der Identification der patricischen *gentes* mit den δεκάδες des Dionysius.[2]) Von ihm nämlich
erfahren wir, dass Romulus die Curien in Dekaden getheilt habe,
und zwar werden (wie aus anderen Stellen hervorgeht) je 10 Dekaden in den einzelnen Curien gedacht. Da nun die Dekade selbst
eine Summe von 10 Einheiten (Familien oder Männern?) bezeichnet,
so würden wir in der Curie 100, in der Tribus 1000, im Ganzen
3000 solcher Einheiten erhalten. Damit lässt sich die Nachricht
von 1000 Häusern (ἑστίαι) bei Plutarch[3]) vergleichen, der den Staat
des Romulus für eintheilig, nicht für dreitheilig ansieht. Wie weit
nun diese uns so vereinzelt zugekommene Anschauung in der Zeit
unserer Quellenschriftsteller verbreitet gewesen, können wir zwar
nicht genau wissen; was aber im Allgemeinen von diesen Einzeln-
heiten der Tradition zu halten ist, wie vieles ätiologischen Muth-
massungen verdankt wird, ist bekannt. Obige Nachrichten finden
aber ihre Erklärung 1) in der Form des ältesten Heeresaufgebotes.
Denn dieses zerfiel den 30 Curien entsprechend in 30 Centurien,
zählte also 3000 Mann.[4]) Auch Decurien (Dekaden) der Fussgänger,
entsprechend den Reiterdecurien, vorauszusetzen ist für die Zeit vor
der servianischen Militärorganisation, vor der Einführung der pha-
langitischen Legion, vielleicht gestattet. Noch mehr wird aber
2) jene Anschauung des Dionysius verdächtig durch die Einrichtungen
der späteren römischen Militärcolonien.[5]) Man sendete bekanntlich
in den meisten Fällen 300 Bürgercolonisten, doch auch wohl 200
oder 100, je nachdem man die Colonie als voll oder zwei- oder ein-

---

1) R. G. I, 326 ff.
2) II, 7.
3) Rom. 9.
4) Varro l. l. V, 89. Plut. Rom. 13.
5) Vgl. Marqu., Staatsverwaltung I, 36; bes. Madvig *de iure et condi-
cione coloniarum pop. R.* in Opusc. p. 225 ff.

theilig annahm. Die Colonisten repräsentiren aber keineswegs die gesammte Einwohnerschaft der Colonie, sondern bilden nur den zuverlässigen Kern[1]) unter der übrigen Bevölkerung, die allerdings beschränkt in ihren alten Wohnsitzen verbleibt. Da aber die Colonien militärische Plätze sind, so mochte man, jenen Zahlen des altrömischen Aufgebots (der Legion) und der Bürgercolonisten entsprechend, ein Gesammtaufgebot von 3000, resp. 2000 oder 1000 Köpfen supponiren. Denn auch die Zahl der Mitglieder des Rathes in den Colonien, wie überhaupt in den Municipien, scheint den alten Normalzahlen des römischen Senats (100 und 300) in gewissem Grade analog gewesen zu sein[2]). Diese Rathsherren aber heissen bekanntlich *decuriones*, setzen also eine entsprechende Anzahl von *decuriae* (δεκάδες) der Bevölkerung ideell voraus. Hierzu füge man alles, was sonst über die politische Anwendung des Decimalsystems bei den lateinischen Völkerschaften bekannt ist. So liegt es auf der Hand, dass was die Quelle des Dionysius und Plutarch von Dekaden und Haushaltungen berichtete, auf blossen Rückschlüssen beruhte. Derartige Nachrichten bestätigen, was von alten Einrichtungen auch sonst als historisch erwiesen ist, also hier die Zahl der 30 Curien, die Normalzahlen des Senats, die Zahlen der ältesten Legion; zu irgendwelchen weiteren Folgerungen berechtigen sie nicht. Sind so die δεκάδες des Dionysius an sich illusorisch, so ist ihre Identification mit den patricischen *gentes* noch weniger gerechtfertigt. Denn hätte Dionysius diese unter seinen Dekaden verstanden, hätte er überhaupt jene Einrichtung der Dekaden mit der Vorstellung der patricischen Geschlechter vereinbar gehalten, so hätte er sie auch γένη oder γενεαί genannt. Er braucht aber diese Bezeichnung immer für die natürlichen Geschlechter.

Man hat ferner, um die patricische *gens* als ein künstliches Institut zu erweisen, sie mit dem attischen γένος verglichen[3]). Gegen das Heranziehen solcher Analogie ist im Allgemeinen nichts einzuwenden; nur muss man genau zusehen, wie weit die Gleichartigkeit reicht. Von den attischen γεννῆται wird berichtet, dass sie nicht γένει, sondern συνόδῳ[4]) so geheissen hätten. Dabei beweist die Bezeichnung derselben als ὁμογάλακτες und der Name des Beschützers der Institution Ἀπόλλων πατρῷος[5]), dass die Athener ihr künstliches γένος als Nachbildung des natürlichen ansahen. Gegen die Vergleichung der römischen *gens* aber mit dem attischen γένος ist folgendes geltend zu machen. Zunächst ist letztere Einrichtung, wie sie späterhin bestand, von sehr zweifelhaftem Alter. Da sie

---

1) Daher φυλακή, φρουρά bei Dion. II, 53 f. und sonst.
2) Vgl. Marqu., St.-V. I, p. 502, A. 2. Gewöhnlich 100 Decurionen, doch auch 1200 und 600, dann 60 in Antiochia, 30 in Castrimoenium.
3) Vgl. auch Schwegler, R. G. I. p. 613 ff.
4) Poll. VIII, 111.
5) Schol. Ar. av. 1526. Dem. cor. 141.

nämlich die gesammte attische Bürgerschaft umfasste, da sie eine
sehr detaillirte Ausbildung hatte, insofern jedes γένος, auch τριακάς
genannt, wiederum 30 Familien umfasste, so ist es sehr wahrscheinlich, dass sie wenigstens in dieser Gestaltung jener Verfassungs-
änderung angehörte[1]), welche die ständische Gliederung der Eupatriden, Geomoren und Demiurgen beseitigte, mit welcher sie absolut
unvereinbar ist. Innerhalb der künstlichen γένη müssen fortan auch
die Eupatriden gestanden haben, von deren Geschlechtern behauptet
werden muss, dass sie auf Blutsverwandtschaft beruhten; und es
ist durchaus wahrscheinlich, dass in Nachahmung und Anschluss der
natürlichen γένη der Eupatriden die künstlichen der Gesammtbürger-
schaft gebildet wurden. Den Eupatriden aber, nicht der Gesammt-
bürgerschaft sind die Patricier analog, ihren ursprünglichen γένη die
patricischen *gentes*. Zweitens sind den 4 attischen φυλαί bekanntlich die 3 römischen Stammtribus, den 12 φρατρίαι die 30 Curien
entsprechend, zu den 12 ✕ 30 Unterabtheilungen der Phratrien aber,
den γένη oder τριακάδες, welche in fortgeschrittener Zeit den Civilstand der strenggeschlossenen Bürgerschaft umfassten und bewachten,
fehlt in Rom die Analogie, weil in der viel lockerern späteren *civitas*,
in der patricisch-plebejischen Bürgerschaft, die standesamtliche Controle durch die Bezirkstribus übernommen, resp. in fünfjähriger Periode durch eine besondere Behörde geübt wurde.

Jeder Gedanke aber an eine Analogie der patricischen *gentes*
und der späteren attischen γένη, oder an eine Identität derselben
mit den imaginären Dekaden des Dionysius, wie überhaupt der Gedanke, dass wir in ihnen ein künstliches Institut sehen dürfen mit
dem Zweck die Controle der natürlichen Geschlechter zu üben, wird
ausgeschlossen durch die einfache Thatsache, dass die Zahl der *gentes*
nicht eine fest bestimmte, sondern eine bewegliche war. Denn die
Natur der Sache fordert eine unveränderliche ein für alle mal bestimmte Zahl der künstlichen Corporationen, welche den schwanken-
den Stand der ihnen angehörenden natürlichen Organismen zu controliren haben. Wollten wir nun auch zugeben, dass die Zahl von
300 patricischen *gentes* den Römern als die rechte und natürlichste
vorgeschwebt hat, so ist doch diese Zahl durch Aufnahme neuer
Geschlechter ohne Bedenken mehrfach vermehrt worden und hat
sich durch Aussterben ganzer Geschlechter, ohne dass man es hinderte, vermindert.

Wenn also die *gentes* ihrer beweglichen Anzahl wegen das
künstliche Controlinstitut nicht gewesen sein können, so ergiebt es
sich, dass sie derjenige Verband waren, auf dessen reine Erhaltung
die ganze Geschlechterverfassung hinauslief: das natürliche Geschlecht.
Was wäre denn auch sonst das natürliche Geschlecht der Geschlechterverfassung gewesen? Einen anderen Namen können wir nicht nennen.

---

1) Vgl. Curtius, Gr. G. I. p. 293 ff.

Denn wenn die Neueren von Familien sprechen, so ist zu bemerken, dass das Wort *familia* jene Bedeutung ursprünglich durchaus nicht hatte, sondern sie erst nothgedrungen erhielt, als das Wort *gens* sie verlor. Denn *familia* bezeichnet eigentlich nur die Hausgenossenschaft und steht zur Blutsgenossenschaft so wenig in Beziehung, dass es einerseits neben den *liberi* nicht nur die *famuli* umfasst, sondern auch letztere gerade im engeren Sinne bezeichnet, dass es andererseits den *pater* und die *mater* nicht mit einschloss, sondern gerade ihnen gegenüber den ihnen angehörenden Hausstand benannte.[1]) Bleibt uns somit zur Bezeichnung des natürlichen Geschlechts allein das alte Wort *gens*, so entspricht dem, dass es die Angehörigen der *gens* sind, welche das gemeinsame *nomen* vereinigt, während die Angehörigen des künstlichen Verbandes der *curia* durch einen gemeinsamen Namen, der von dem Verbandsnamen .(z. B. Rapta, Velitia etc.)[2]) abgeleitet wäre, kaum bezeichnet werden können. Und zwar ist jenes *nomen gentile* Hauptnamen im eminenten Sinne; woraus sich ergiebt, welch ausserordentliches Gewicht man auf den Gentilverband legte, der desshalb kein anderer gewesen sein kann, als der Blutsverband. Dasselbe folgt aus der Form der Gentilnamen, welche gleichmässig auf -*ius* enden und in ganz eigenthümlicher Weise die Qualität des Adjectivs und Substantivs verbinden, in derselben Form, als Adjectiv oder substantivirtes Adjectiv (*gens Cornelia, Cornelius, lex Cornelia*: das Cornelische Geschlecht, der Cornelische, das Cornelische Gesetz, Land u. s. w.), der Gesammtheit und dem Einzelnen zukommen und dadurch gewissermassen dem Einzelnen nur als Glied des Geschlechts seine Existenz geben. Ferner beachte man, wie der Knabe[3]) vor der Mündigkeitserklärung keinen andern Namen officiell besitzt[4]), wie das Weib, die Trägerin der natürlichen Fortpflanzung, überhaupt nur den Gentilnamen officiell trägt, wie der Mann in sexueller Beziehung, d. h. gegenüber seinem Weibe den Gentilnamen allein führt.[5])

Aber wir werden bei der allgemeinen Auffassung der *gens* als Blutsgenossenschaft nicht stehen bleiben können. Der Mangel jeglicher altüberlieferten Bezeichnung für Unterabtheilungen der *gens*, welche die Neueren Familien zu nennen pflegen, besonders aber der gänzliche Mangel der Familien-Beinamen in der ältesten Zeit erregt den Zweifel, ob die *gens* in der Zeit der Blüte des Instituts in

---

1) So ist *pater familias* das Haupt, dem die *familia* und *res familiaris* angehört, während *pater gentis* (vgl. *patres minorum gentium*) nur bezeichnen kann einen *pater*, welcher der *gens* (als *gentilis*) angehört.
2) Fest. p. 174.
3) De praenom. 3.
4) Vgl. Mommsen, R. F. p. 31 f.
5) Vgl. Ciceros Briefe. Er nennt seinen unmündigen Sohn einfach Cicero (mit dem *cognomen*); sich selbst nennt er Tullius mit dem blossen *nomen*) nur gegenüber der Terentia und dem Freigelassenen M. Tiro, worüber unten p. 19.

verschiedene Zweige zerfiel. Wenn wir nämlich die Namen über-
blicken, welche uns aus der Zeit vor dem Decemvirat erhalten sind,
so finden sich aus der republikanischen Periode allerdings einige
cognomina, die wir vielleicht als erbliche Familiennamen ansehen
können, aber auch diese sahen wir als solche erst entstehen. Die
meisten *cognomina* aus dieser Zeit sind noch Individualnamen.[1]) Bei
allen muss aber bezweifelt werden, ob sie damals schon zur officiellen
Bezeichnung dienten. Dass in der vollen amtlichen Benennung das
cognomen auch später der Tribusbezeichnung nachsteht, beweist
genügend, dass seine amtliche Anwendung jünger ist als die Einrichtung der Bezirkstribus.[2]) Aus der Königszeit sind abgesehen
von den Namen der Schlussepisode (Tarquinius Priscus hat diesen
Namen offenbar später erhalten) keine *cognomina* bekannt, obgleich
die Zahl der erhaltenen Namen doch nicht so klein ist. Die Annahme nun, dass die *gentes*, früher unverzweigt, sich erst in der
späteren Zeit des Königthums und in der ersten Zeit der Republik
in Zweige zu theilen begonnen hätten, würde freilich der verbreiteten Ansicht von der *gens* arg widersprechen. Aber ist denn die
damit zusammenhängende, ebenso fest eingewurzelte Anschauung von
einer beträchtlichen numerischen Grösse der einzelnen patricischen
gentes irgendwie begründet? Wenn unsere Quellenschriftsteller eine
ähnliche Auffassung zu bekunden scheinen, so sprechen sie entweder
aus den Anschauungen ihrer Zeit, oder aber sie schliessen, was sie
regelmässig thun und mit gutem Grunde thun können, die Clientel
mit ein. Von den Tarquinii, Valerii, Horatii, Claudii, Fabii, Quinctii,
von denen in der ältesten Zeit der Republik berichtet wird, ist in
den meisten Fällen die nächste Verwandtschaft erweislich, so dass
solche positive Kunde in Widerspruch steht mit den Geschichten von
den 306 oder mehr Fabii, von einer grossen *gens Tarquinia* oder
Claudia, wenn wir nicht annehmen[3]), dass die Clienten eingezählt
sind, was in den betreffenden Fällen ja eigentlich selbstverständlich
ist. Auch die ausserordentlich geringe Zahl der officiellen Individual-
Namen, d. h. der *praenomina*, ferner die eigenthümliche Beschränkung, welche wir obenein im Gebrauch derselben bei den einzelnen
patricischen Geschlechtern erkennen[4]), endlich die grosse Nüchtern-
heit der meisten (Q. Sex. Dec. L. M.' etc.), was alles ja schnell zur
Einführung des dritten Namens nöthigte, scheint mir nachdrücklich
der geläufigen Annahme zu widersprechen, dass die patricische *gens*
an Köpfen stark gewesen sei. Als vollkommen irrig wird aber diese
Annahme erwiesen durch das rapide Aussterben des weitaus grössten
Theils der Patriciergeschlechter. Wir dürfen, wie wenig sicheres wir

---

1) Vgl. Mommsen, R. F. p. 48.
2) Vgl. Mommsen, R. F. p. 46.
3) Vgl. Schwegler, R. G. II, p. 527 ff.
4) Vgl. Mommsen, R. F. p. 15 ff.

auch davon wissen, eine Zahl von ungefähr 300 *gentes* als die
ursprüngliche und normale schon der Grösse der 30 *curiae* wegen
voraussetzen. Diese Zahl aber hat Vermehrung erfahren durch die
Albanischen Geschlechter, durch die *gentes minores* unter Tarquinius
Priscus und nach Abschaffung des Königthums, endlich durch Re-
ception einzelner *gentes*, wie der Claudier. Trotzdem nehmen wir
eine schnelle Verminderung wahr. Mommsen[1]) vermuthet nicht ohne
Grund aus der Nachricht, dass nach Vertreibung des Königs 164
neue Mitglieder[2]) in den Senat aufgenommen worden seien, man
habe überhaupt in der Zeit unserer Schriftsteller aus den vorhandenen Quellen nur 136 patricische *gentes* noch nachweisen können.
Von den 50 etwa, die wir sicher kennen, sind die Hälfte nur aus
der Zeit vor dem Decemvirat[3]), zwei Drittel nur aus der Zeit vor
den licinischen Rogationen bekannt; nur der kleinere Theil ist auch
in den späteren Zeiten, über die doch unsere Nachrichten viel reicher
fliessen, noch nachweisbar. Dass uns aber viele Geschlechter aus
dieser späteren Zeit unbekannt geblieben sein sollten, ist bei der
Bedeutung, welche die patricische Geburt immer behauptet hat, nicht
wahrscheinlich. Wie erklärt sich nun jene rapide Abnahme? In den
letzten vier Jahrhunderten der Republik ist eine besonders starke
Abnahme der Zahl der bekannten Patriciergeschlechter, die damals
meist in mehrere Zweige oder Familien gespalten waren, durchaus
nicht bemerkbar. Wie erklärt sich also jenes rapide Aussterben
der patricischen *gentes* in der Zeit vor dem Decemvirat? Diesem
auffallenden Thatbestande gegenüber ist die Annahme, dass die patricischen *gentes* Complexe zahlreicher Familien und von starker Kopfzahl gewesen seien, nicht zu halten.

Indess was heisst denn dies? Wenn denn auch zu einer beliebigen Zeit ein Geschlecht ungetheilt war und auf wenigen Augen
stand, was hinderte denn, dass es sich ausbreitete und in verschiedene Zweige theilte? Solche Hinderung müssen wir in der That
annehmen und nachweisen, wenn unsere abweichende Ansicht der
verbreiteten gegenüber Sinn und Begründung gewinnen soll.

Am nächsten liegt hier nun wohl der Gedanke an jene Schwierigkeiten, welche überall bei ackerbautreibenden Völkern, besonders
aber wo sich eine grundbesitzende Aristokratie entwickelt hat, hervortreten: die Schwierigkeiten, welche die Ernährung der wachsenden
Bevölkerung überhaupt, die standesmässige Erhaltung des Geschlechts
insbesondere auf sich hat. Die Verhältnisse des Grundbesitzes im
ältesten Rom müssen wir desshalb hier zuerst berücksichtigen.

Nach römischem Rechtsbegriff gilt dasjenige am meisten als
Eigenthum, was durch den Krieg gewonnen ist.[4]) Vgl. Gai. 4, 16:

---

1) R. F. p. 121.
2) Fest. p. 254. Plut. Popl. 11.
3) Vgl. Mommsen a. a. O. p. 107—121.
4) Vgl. Lange, R. A. I, p. 152 f.

maxime sua esse credebant, quae ex hostibus cepissent. Dies erklärt sich zur Genüge aus der Eroberung des Landes durch die eingewanderten Italiker; vielleicht darf aber auch die wahrscheinlichste Annahme über den Ursprung Roms und die zweifellose Kunde von dem erobernden Einfall der Sabiner herbeigezogen werden. Desshalb beschränkt sich nun aber das Eigenthum des Einzelnen (*res privata*) zunächst auf bewegliche Dinge, auf die Handbeute (*mancipium*), Sklaven (*familia*) und Vieh (*pecunia*), weil der Grund und Boden nicht vom Einzelnen, sondern von der Gesammtheit erobert wird, also der *ager* von Haus aus *publicus* ist (wie denn auch im entwickelten Staate alle neue Eroberung zunächst zum *ager publicus* geschlagen wurde). So konnte es geschehen, dass der Name des beweglichen Eigenthums, *mancipium,* und der Akt und Brauch der Veräusserung oder Erwerbung desselben auf friedlichem Wege, *mancipatio,* auf das Grundeigenthum, nachdem dasselbe auch in Einzelbesitz gelangt und der Gedanke der Veräusserung desselben entstanden war, übertragen wurde. Es würde sich für uns darum handeln, wann dies geschehen ist, und wir glauben auf diese Frage die Antwort geben zu müssen, dass in jener Zeit, in welcher das Institut der patricischen Gentilität entstanden war und noch in seiner vollen Eigenthümlichkeit und Bedeutung bestand, ein solcher Rechtsweg der Veräusserung noch nicht vorhanden war.

Noch in späterer Zeit tritt bei den Römern die sittliche Verpflichtung des *paterfamilias,* den Besitz des Hauses zu erhalten und dem Geschlecht zu bewahren, besonders deutlich hervor. Nur diesen Sinn kann die Scheidung von *res mancipi* und *nec mancipi* verfolgen, die Trennung von Sachen, die zum bleibenden Wohlstand der Familie gehören und deren Austausch gesetzlicher Form unterworfen ist, von den Dingen, die zum Verbrauch dienen und zwanglos vergeben werden können. Und zwar ist diese Grenze gerade im Interesse des Grundbesitzes gezogen in eigenthümlicher Umkehr des ursprünglichen Verhältnisses, insofern bewegliche Dinge, von denen doch der Begriff des *mancipium* auf den Grundbesitz übertragen ist, insoweit mit dem Grundbesitz als *res mancipi* zusammengefasst werden, als sie (wie *servi boves muli equi asini*)[1]) zur Bewirthschaftung desselben nöthig sind. Beispiele, wie Grundbesitz in der Familie bewahrt, ja ungetheilt besessen wird, kommen noch später verschiedentlich vor.[2]) Aber die Sache lag noch ganz anders, als die patricische *gens* noch in ihrer Blüte bestand; was sich deutlich aus dem gentilicischen Erbrecht ergiebt.

Zunächst lässt sich nicht zweifeln, dass nach altem patricischen Recht die Weiber nicht nur vom Erbe an Grund und Boden, sondern von jedem Erbe ausgeschlossen waren. Wie das Weib nicht im Stande ist, die *gens* auf seinem Namen fortzupflanzen, so soll es

---

1) Ulp. 19, 1. Gai. I, 120; II, 15—17.
2) Val. Max. IV, 3, 8.

auch von dem Vermögen der *gens* durch Erbschaft nichts entführen.
Desshalb tritt es in Folge der Verheirathung durch *capitis deminutio*
resp. *in manum conventio* aus der *gens* heraus[1]) und wird durch
die Mitgift abgefunden. Desshalb war in dem einzigen Falle, in
welchem ein Weib aus ihrer Familie austrat ohne aus der gens aus-
zutreten (ohne *capitis deminutio*), nämlich wenn sie Vestalin wurde,
besonders festgesetzt, dass sie von der Erbschaft ausgeschlossen war.[2])
Dem gegenüber muss es als eine Interpretation gelten, die sich nicht
an den Sinn, sondern nur an die Worte hält, wenn die Juristen aus
dem Erbrecht der *agnati*, welches die XII Tafeln gewähren, auch
die Erbberechtigung der *sorores* des Erblassers, aber nicht ihrer
Kinder, die ja nicht mehr *agnati* sind, folgern wollen, wenn sie
unter den *sui heredes* auch die *filiae, neptes* etc. einschliessen.[3]) Man
griff zu solchen Künsten, um das veraltete gentilicische Erbrecht,
welches doch den Bestimmungen der XII Tafeln noch zu Grunde
lag, mit dem natürlichen Erbrecht in Einklang zu bringen, und erst
wo keine Interpretationskunst half, schlug man Umwege ein und
half durch prätorische Edicte und Interdicte.[4]) Nach den Leibeserben ruft das alte Recht die Agnaten, nach diesen die Gentilen
zur Erbschaft; irgendwelche Vererbung durch weibliche Linie widerspricht der Tendenz, welche die Gentilen beruft, und macht ihre
Ansprüche illusorisch.

War so durch den Ausschluss der Töchter vom Erbrecht für
die Erhaltung des einmal innerhalb der *gens* befindlichen Vermögens
gesorgt, so diente demselben Zwecke die *patria potestas*, die *manus*,
besonders aber *tutela* und *cura legitima*. Ueberall wo durch Tod
die *patria potestas* oder *manus* erlosch, trat die *tutela*[5]) ohne Weiteres gesetzlich ein und stand als ein Recht denjenigen zu, welche
die eventuellen Erben waren, den *agnati* und den gleichbedeutenden
gentiles. So wurden die Weiber niemals völlig rechtsfähig[6]), indem
sie auch, wenn sie mündig und nicht *in manu* waren, in der *tutela*
standen (die ebenfalls als eine Art *manus* galt) und der *auctoritas*
tutoris zu allen Rechtshandlungen bedurften[7]); woraus wiederum
das Bestreben spricht, die Weiber an der Entführung von Gentileigenthum zu hindern. Die Söhne waren durch die *patria potestas*
rechtsunfähig, so lange der Vater lebte, obgleich doch selbst dem
Mündigen, da er nur bewegliches Gut (*peculium*) besass, eine bedeutende Schädigung des Familienbesitzes nicht möglich war; an die

---

1) Ulp. fr. X, 13.
2) Gell. I, 12.
3) Inst. III, 1, 2.
4) Inst. III, 1, 9. 5, 1.
5) Vgl. Lange. R. A. p. 227.
6) Liv. XXXIV, 2. *nullam — rem agere feminas sine tutore auctore*
voluerant, in manu esse parentium, fratrum, virorum —.
7) Gai. I, 164.

Stelle der väterlichen Gewalt aber trat die *tutela* der Agnaten resp.
Gentilen, um so im Interesse der Familie resp. der *gens* wenigstens
dem Unmündigen die Verfügung über das Vermögen zu entziehen.
Aber auch *homines sui iuris* konnten durch Erklärung als *prodigi*
und *furiosi* rechtsunfähig werden[1]), und auch in diesem Falle war
die *cura* der Agnaten als gesetzliches Recht angeordnet.[2]) Alle diese
Einrichtungen scheinen viel mehr aus dem Interesse des Schützers
als des Geschützten hervorgegangen. Desshalb suchte man durch
das natürliche Recht belehrt nach Mitteln die *tutela* und *cura* im
Interesse der Schützlinge andern zu übertragen.[3]) Aber das alte
Recht weiss wohl von einem religiösen Schutz der *pupilli*, aber nur
von einem gesetzlichen Recht der Agnaten resp. Gentilen auf die
gesetzliche Tutel und Curatel. Dieses Recht erscheint, ebenso wie die
Ausschliessung der weiblichen Descendenz von der Erbschaft, als ein
entschiedener Ausdruck jenes Bestrebens das Besitzthum, welches sich
einmal innerhalb der *gens* befindet, innerhalb der *gens* zu erhalten.

Was will nun aber dieser ganze Apparat, der auf Kosten des
natürlichen Rechts die Interessen des allein durch männliche Descendenz sich vererbenden Geschlechts, d. h. der *gens* zu fördern sucht,
bedeuten, wenn jedem Mitgliede des Geschlechts, welches *sui iuris*
ist, verschiedene Wege offen standen, willkürlich über seinen ganzen
Besitz zu verfügen? wenn es ihm frei stand durch Verkauf, Testament, Arrogation jedem beliebigen sein ganzes Eigenthum zuzuwenden? Er giebt nur einen Sinn, wenn wir zunächst annehmen, dass
die Methode der *mancipatio*, welche sich ursprünglich nur auf bewegliches Gut bezog, auf den Grundbesitz noch nicht Anwendung
gefunden hatte, also die Veräusserung des Grundeigenthums nicht
in Frage kam. Wir müssen ferner annehmen, dass die Intestaterbschaft, welche wir so sorgfältig und streng geordnet sehen, nicht
nur die ursprüngliche, sondern auch die durchaus regelmässige war,
und dass die testamentarische Verfügung Grund und Boden nicht
berühren durfte. Endlich aber müssen wir als zweifellos hinstellen,
dass die *arrogatio*, weil sie ja sonst alle Rechte der Gentilen in
Frage stellte, ursprünglich nicht blos den Mangel und die mangelnde
Hoffnung eigner Leibeserben, sondern auch den Mangel von sonstigen
Intestaterben voraussetzte. Nur so erklärt es sich, dass es zu derselben
der Prüfung der *pontifices* und einer *lex populi Romani* bedurfte.[4])
Und daraus müssen wir wiederum rückwärts folgern, dass das Recht
der *testamentificatio*, weil sie auf viel leichterem Wege, nämlich
comitiis calatis[5]), zu demselben Zwecke geführt haben würde, welchen

---

1) Ulp. fr. XII, 2.
2) Cic. inv. II, 50 u. Tusc. III, 5, 11.
3) Vgl. Lange, R. A. p. 230 ff.
4) Gell. V, 19. Tac. hist. I, 15.
5) Gai. II, 101. Gell. XV, 27.

die *arrogatio* verfolgte, sich in dieser Zeit nicht auf die Vererbung
von Grund und Boden bezogen haben kann.

Nach dem Gesagten müssen wir also voraussetzen, dass in der
Zeit der Blüte der Gentilität, nicht nur die Entäusserung innerhalb
der *gens* befindlichen Gutes sorglich verhütet, sondern dass auch
die Veräusserung von Grund und Boden, weil die *mancipatio* darauf
nicht angewendet wurde, überhaupt unmöglich war. Aus der Unveräusserlichkeit des Grundeigenthums folgt aber auch, dass eine
Vermehrung desselben auf dem entsprechenden Wege nicht möglich
war. Allein der Krieg hätte zu einer solchen führen können; wir
wissen aber, dass das eroberte Land *ager publicus* wurde und den
Patriciern nur *possessio* an demselben zufiel.

So ergiebt sich also die völlige Unveränderlichkeit des Grundbesitzes der *gens*, wenn wir ihn als Ganzes betrachten. Wenn dem
so ist, so könnte man streiten, ob überhaupt als Eigenthümer des
Privatgrundbesitzes (*ager privatus*) die einzelnen Individuen, welche
in sua potestate sind, oder die *gentes* anzusehen sind. Sicher ist
es, dass auch später alles, was der *gens* zukam als *res privata* angesehen wurde.[1]) Indess man thut vielleicht gut nicht bis zur Klä-
rung von Begriffen oder, richtiger gesagt, bis zum Gebrauch von
Worten vorzudringen, für welche uns die römischen staatsrechtlichen
Termini fehlen. Nur das ist sicher, dass, wenn auch der Einzelne
als der wirkliche Eigenthümer erscheinen könnte (freilich fehlen ihm
gerade die charakteristischen Merkmale des späteren Eigenthums),
doch eventuell überall die Gentilen (resp. die *gens*) als gemeinsam
interessirte Besitzer auftreten. Ueber die *gens* hinaus gab es dagegen keine erbrechtliche Bestimmung[2]), so dass zweifellos eben
sie als letzte Besitzerin des Privat-Grundeigenthums erscheint.

Auch in späterer Zeit, als sich der Begriff des Grundeigenthums streng entwickelt hatte, erfahren wir, dass gemeinsames Gentileigenthum noch bestand. Von der Art waren zweifellos die *sepulcra
gentilicia*. Aber auch Ausdrücke, wie *prata Quinctia, Flaminia*[3]),
lassen sich nur von ehemaligem Gesammtgute der betreffenden *gentes*
erklären, weil von Grundstücken eines Einzelnen nur gesagt werden
könnte *ager Quinctii, prata Flaminii*, wie *horti Luculli* (nicht *Licinii*)
und *horti Pompeii* (gen.) u. s. w. Auch wird berichtet[4]), dass das
Gebiet der Tarquinii, nicht als der König, sondern als die *gens Tarquinia* ins Exil ging, zu Staatseigenthum erklärt wurde. Vielleicht
aber hat auch die Nachricht bei Dionysius[5]) und Varro[6]), dass

1) Z. B. die *sacra*. Fest. p. 245.
2) Die Vermuthung eines Erbrechts der Curialen entbehrt jedes
Grundes.
3) Liv. III, 26, 8; 54, 15; 63, 7.
4) Liv. II, 5, 2.
5) Liv. II, 7.
6) Liv. V, 55.

der Grundbesitz der Stammtribus und Curien beisammengelegen habe, guten Grund. Daraus würde aber folgen, dass das Eigenthum ursprünglich unveräusserlich, also den *gentes* gewissermassen gemeinsam gedacht worden ist, da sonst jene ordnungsmässige Limitation im Augenblick durchbrochen worden wäre.

Geben wir nun diesem Resultate auf die oben gestellte Frage nach Hindernissen der freien Ausbreitung der Patriciergeschlechter Anwendung, so lehrt die Erfahrung, dass fester, unveränderlicher Grundbesitz bei ackerbautreibender Bevölkerung der Ausbreitung der Familie hinderlich wird, oder Modifikationen des Erbrechts, Ausschluss des einen Theils zum Vortheil des anderen, erzwingt. Denn bei gleichbleibendem Besitz steht Abnahme des Wohlstandes mit dem Wachsen der Kopfzahl der Participirenden im Verhältniss. Es sei gestattet das Beispiel Spartas heranzuziehen. Die Grundordnung der lykurgischen Verfassung hat, obgleich das Gebiet im 7. Jahrhundert bedeutende Erweiterung erfuhr und neue Lose geschaffen wurden, im Laufe einiger Jahrhunderte die spartiatische grundbesitzende Bevölkerung von einer starken Zahl auf eine geringe zurückgebracht. Die Ausbreitung der einzelnen Familie war nicht möglich, und so nahm die Zahl der Familien durch Aussterben mit grosser Schnelligkeit ab. Die schnelle Abnahme des römischen Patriciats ist damit zu vergleichen und deutet auf ähnliche Ursachen hin. Und doch that in Rom, wenn wir ebenfalls ursprüngliche Unveräusserlichkeit des Gentileigenthums annehmen, die Befreiung des Grundbesitzes von dieser Schranke bald Einhalt, und gerade entgegengesetzt dem Unwesen der spartanischen Erbtöchterehen, wurde durch die Adoption ein Mittel gefunden die Geschlechter künstlich zu erhalten. Dafür kamen aber in Rom noch andere Momente hinzu, welche die Ausbreitung der Patriciergeschlechter noch mehr beengten, als der unveränderliche Grundbesitz.

Ich meine die mit der patricischen Gentilität untrennbar verbundene Clientel. *Clientela* oder Schutzhörigkeit bezeichnet das Verhältniss des *cliens* zum *patronus*. Das letztere Wort hängt mit der Bezeichnung *pater* und *patricius* etymologisch und sachlich zusammen: es war eine Competenz der Patricier das *patrocinium* zu gewähren.[1]) Die Bezeichnung *cliens* ist etymologisch nicht ganz sicher[2]), doch ist die Ableitung von *cluere*, welches ehedem activen Sinn gehabt haben muss, weitaus die wahrscheinlichste. Danach bezeichnet es den Hörigen. Die geläufige Anschauung der Alten nun ist etwa in den Worten bei Cic. Rep. II, 9, 16 ausgedrückt: *habuit (Romulus) plebem in clientelas principum discriptam,* wozu noch Festus p. 233 herangezogen werden mag: *patrocinia appellari coepta sunt, cum plebs distributa est inter patres, ut opibus eorum tuta esset.* An diesen

---

1) Mommsen, R. F. p. 356.
2) Becker II, 1, p. 128 A. 293.

wie an unzähligen anderen Stellen ist natürlich *plebs* in dem später
üblichen Sinne gebraucht, nämlich als blosser Gegensatz gegen *patres*
als Bezeichnung der Nicht-Patricier; nicht aber als politische Cor-
poration, denn die Clienten sind nichts weniger als dies. Wir ent-
nehmen also, dass die nichtpatricische Bevölkerung der patricischen
ursprünglich in dem Verhältniss der erblichen Schutzhörigkeit zu-
gehörte und ihr vertheilt war.

Die ausführlichste Nachricht nun über dies Verhältniss haben
wir bei Dion. II, 9 und 10. Dieser bezeichnet als die Pflicht des
Patrons die Gewährung des Rechtsbeistandes. Unklar ist es in seiner
Darstellung, ob damit blos Unterstützung gemeint ist, wo der Client
seine Sache selbst führt (worauf die Worte ὧν οὐκ εἶχον ἐκεῖνοι
ἐπιστήμην und οὐ θέμις κατηγορεῖν ἀλλήλων gedeutet werden können),
oder Vertretung, weil der Client seine Sache selbst nicht führen
kann (was die Worte ὅσα περὶ παίδων πράττουσι πατέρες sagen würden).
Diese Unklarheit stammt offenbar aus einer Vermengung der Zeiten.
Denn während seit der Decemviralverfassung auch die Clienten als
homines sui iuris das Recht hatten ihre Sache selbst zu führen, wodurch dann das Clientelverhältniss zwar nicht aufgehoben wurde, aber
doch seine alte Bedeutung verlor, so ergiebt sich aus allem, was wir
darüber sonst wissen, dass in der Zeit seiner ursprünglichen Bedeutung dem Patron die Vertretung des Clienten ausschliesslich übertragen war. Denn der *patronus* wird dem *pater* an die Seite gestellt[1]),
und unter denen, welche unmündig sind und selbständiger Rechtsvertretung entbehren, unter den *pupilli* und *hospites*, werden die *clientes*
genannt[2]). Auch war der religiöse Schutz, welcher den Clienten
sogar noch durch die XII Tafeln gewährt wurde[3]), nicht so nöthig,
wenn sie sich selbst den Rechtsschutz verschaffen konnten. Wenn
nun hiernach der Patron den Clienten wie der Vater den Sohn oder
der Vormund den Pupillen vertrat, so bezeichnet dies die völlige
Abhängigkeit. Desshalb vergleicht Dionysius[4]) diese Stellung mit
Recht mit der der Penesten und Theten, welche von der der Unfreien nicht sehr verschieden war, und spricht dem Patron nicht so
sehr das Recht, sondern nur den Willen zu ähnlicher Behandlung
ab. Desshalb der Ausdruck, die Clienten ständen *in fide*[5]), denn
die Befugniss des Patrons ist eine durchaus confidentielle; desshalb
der strenge religiöse Schutz, welcher den Rechtsschutz ersetzen sollte.

---

1) Cato bei Gell. V, 13, 4: *patrem primum, deinde patronum proximum nomen habere.*
2) Gell. a. a. O.: *primum iuxta parentes locum tenere pupillos debere
fidei tutelaeque nostrae creditos, secundum eos proximum locum clientes
habere, qui sese itidem in fidem patrociniumque nostrum dediderunt, tum in
tertio loco hospites.*
3) Bruns, font. p. 29. n. 21.
4) II, 9.
5) Im Repetundengesetz Z. 11 u. 33; s. Bruns, font. p. 52 u. 57.

Zwar sind die Clienten persönlich frei, aber in Bezug auf ihre materiellen Interessen sind sie dem Patron ganz in die Hände gegeben. In diesem Sinne ist denn auch zu nehmen, was Dionysius[1]) von den Gegenleistungen der Clienten sagt: sie müssen die Töchter des Patrons aussteuern helfen, zum Lösegeld beitragen, wenn der Patron oder seine Söhne in Kriegsgefangenschaft gerathen, die Prozesskosten tragen helfen, wenn jener im Privat- oder Strafprocess verurtheilt wird, Beiträge zahlen, im Fall der Patron Aemter oder sonstige Leistungen für den Staat zu übernehmen hat. Dazu kommt noch, dass, im Falle der Client ohne sonstige Erben und ohne Testament verstirbt, der Patron ohne Zweifel in die Erbschaft eintritt.[2]) Es sind dies diejenigen materiellen Leistungen, welche der Patron zu fordern sittlich berechtigt ist; dass ihn niemand hindern kann mehr zu nehmen, liegt in dem Lobe der Beflissenheit der Patrone ἥκιστα βουλομένων τοῖς πελάταις ἐνοχλεῖν χρηματικήν τε οὐδεμίαν δωρεὰν προςιεμένων. Berücksichtigen wir nun, dass doch auch der Rechtsschutz, welchen der Patron gewährt, zuletzt vom Staate gewährt und von jenem nur vermittelt wird, dass derselbe vielmehr ein werthvolles und ehrenvolles Recht als eine drückende Leistung genannt werden muss und schon durch jene eine Verpflichtung der Clienten den Patron im Falle eines eignen unglücklichen Prozesses zu unterstützen aufgewogen wird, so fehlt uns das Aequivalent, welches den andern materiellen Verpflichtungen gegenübersteht, welches das ganze strenge Abhängigkeitsverhältniss eines persönlich Freien, die prekäre schutzlose Lage dem Schützer gegenüber erklärlich macht. Es er-

---

1) II, 10.

2) Dies ergiebt sich aus dem analogen Verhältniss des *libertus*. Man erwäge hierbei noch Folgendes. In dem Erbstreite der *Claudii Marcelli* und der *Claudii patricii* scheinen ebenso wie die ersteren *stirpe*, so die letzteren *gente* die ganze Erbschaft allein zu beanspruchen (cf. Cic. de orat. I, 39, 176 *cum Marcelli ab liberti filio stirpe, Claudii patricii eiusdem hominis hereditatem gente ad se dicerent redisse*). Und doch sollte man von den letzteren annehmen, dass sie nach dem Gentilrecht nur gemeinsamen gleichmässigen Antheil mit jenen verlangen konnten. Aber es ist andrerseits klar, dass, wo überhaupt später jenes Gentilerbrecht Anwendung fand, doch unmöglich die ganzen weitverzweigten *gentes* gemeinsam und in unzähligen Partikeln erben konnten, sondern dass wie der *proximus agnatus* die übrigen ausschloss (Ulp. fr. 26, 1 u. sonst die Bestimmung der XII tab.), so auch gleichsam die nächsten Gentilen die andern ausschieden. Wer sind aber die nächsten Gentilen, die nicht *agnati* waren? Ich weiss nur zu antworten: in den *gentes*, in welchen es *patricii* gab, und auf diese mochte wohl überhaupt nur das ganz veraltete Gentilrecht Anwendung finden, eben die *patricii*. So würde sich der Anspruch der *Claudii patricii* erklären. Und ebenso würde jene Nachricht bei Sueton (Caes. 1), Caesar sei mit dem Verlust gentilicischer Erbschaften bestraft, hierdurch vielleicht begreiflich. Ein solches Vorrecht aber der Patricier könnte wohl keine andere Erklärung finden, als diejenige, welche sich aus ihrem ehemaligen Patronatsverhältniss heraus ergeben würde. Vergl. damit auch oben p. 4.

giebt sich aus der Erwägung, dass die Clienten in einer Zeit, wo
es vermuthlich veräusserliches Grundeigenthum nicht gab, Grundeigenthum nicht besassen. Denn der Besitz von Grundeigenthum
und diese juristische Unselbständigkeit schliessen einander aus. Da
nun die Clienten auf dem Staatslande nicht wohnten (denn am Staatslande hatten nur die Patricier Antheil), so bleibt nur übrig, dass sie
auf dem Grundeigenthum der einzigen Privatgrundeigenthümer jener
Zeit, der Patricier, wohnten. Damit ergiebt sich denn, dass diejenige
Leistung des Patrons, auf welcher das Verhältniss zuerst basirt,
aus welcher sein Recht und die materiellen Gegenleistungen der
Clienten sich erklären, in der Gewährung von Grund und Boden
zur Wohnung und Nutzung zu suchen ist.[1]) Man hat vielleicht
nicht mit Unrecht die Besitzform des *precarium* hierher gezogen[2]);
auch lässt sich über das regelmässige Quantum eines solchen Besitzes vermuthen, dass er *bina iugera* umfasst habe, insofern dies
das kleinste übliche Hufenmass war[3]) und weil soviel den Clienten
des einwandernden App. Claudius zugewiesen sein soll.[4]) Wir wollen
hier verzichten, auf die ursprüngliche Entstehung des Clientel-Verhält-
nisses einzugehen, welches indess das Verhältniss einer herrschenden
und einer unterworfenen Bevölkerung unverkennbar wiederspiegelt,
und nur hervorheben, dass der Glanz, den eine starke Clientel einem
Hause gab[5]), auch späterhin die Gründung des Schutzverhältnisses
veranlassen mochte. Es ist zu berücksichtigen, dass im alten Rom
die Grosswirthschaft nicht üblich war, dass der Reiche desshalb leichter
Stücke seines Landes freien Leuten als seinen Clienten zu prekärem
Besitz für die oben bezeichneten Gegenleistungen ausgeben mochte
und sich selbst nur einen Theil zur eigenen Beackerung vorbehielt.
Vgl. Fest. ep. p. 287 *quia agrorum partes attribuerant tenuioribus ac
si liberis propriis.*

Ein solches Verfahren und Verhältniss aber setzt, wie leicht
zu ersehen ist, eine besondere Art Grundeigenthum voraus, nämlich
das unveräusserliche. Denn an sich ist Land, welches zum erblichen
Niessbrauch vergeben ist, kein Kaufgegenstand mehr, ein willkürliches Verjagen aber der Nutzniesser sowohl als ein Veräussern oder
willkürliches Vererben mit sammt den darauf befindlichen Hinter-
sassen widerspricht durchaus dem persönlichen, erblichen und streng
religiösen Verhältnisse. Desshalb musste ja auch freies Grundeigenthum durch Vergebung an einen Clienten zu einer Art unveräusser-
lichen Eigenthums werden; woraus sich ergiebt, dass wenigstens
aller Grundbesitz, welchen die Clienten inne hatten, unveräusserlich

---

1) Vgl. Lange, R. A. I. p. 245.
2) Vgl. Mommsen, R. F. p. 366.
3) S. d. Stellen bei Schwegler, R. G. I, p. 451 in d. Anm.
4) Plut. Popl. 21.
5) Vgl. die Anschauungen der Tradition von den Claudiern u. Fa-
biern, sowie Dion. II, 10 μέγας ἔπαινος ἦν ὡς πλείστους ἔχειν πελάτας.

war. Da aber die Clienten als Eigenthümer nicht gelten können, so müssen wir die patricischen Patrone dafür nehmen, aber nicht sowohl sie — denn unveräusserliches Eigenthum gehört nicht blos den Einzelnen —, sondern ihre Familien, das sind, weil zuletzt immer die Gentilen als letzte Erben eintraten, die patricischen *gentes*. So sind wir auch hier zu einer Art Grundbesitz gelangt, als dessen letzter Eigenthümer mit gutem Rechte nur die *gens* bezeichnet werden kann, welches als ihr gemeinsam und unveränderlich bezeichnet werden muss, so lange die Schutzverhältnisse im ursprünglichen Sinne bestehen.

Hieraus erklärt es sich denn auch allein, dass die Clienten nicht blos zu ihrem Patron selbst, sondern auch zu seiner *gens* in engster Beziehung stehen, dass nach Caesars Worten[1]): *neque clientes sine summa infamia deseri possunt, quibus etiam a propinquis nostris opem fieri instituimus*, auch die Verwandten, d. h. alle *gentiles* zur Unterstützung der Clienten moralisch genöthigt sind, dass umgekehrt die Clienten auch für die Töchter der Gentilen zur Mitgift beitragen müssen, dass die Clienten wie die Gentilen zu den andern Ausgaben der *gens* beizusteuern haben[2]) (ταῖς ἄλλαις ταῖς εἰς τὰ κοινὰ δαπάναις τῶν ἀναλωμένων ὡς τοὺς ἐν γένει προςήκοντας μετέχειν), endlich dass den Clienten auch an den *sacra* und *sepulcra gentilicia* Antheil zusteht. Desshalb wurde auch noch späterhin, wenn der Client ohne Intestaterben und ohne Testament starb, gegenüber dem Patron und seinem Hause auch von der Gesammtheit der Gentilen auf die Erbschaft Anspruch erhoben, denn was wir von dem *libertus*[3]) hierin erfahren, dürfen wir ohne Bedenken auf den *cliens* übertragen, da das Verhältniss der Freigelassenen in einer Zeit, als die Clientel selbst ihre Bedeutung geändert hatte, der ursprünglichen Clientel offenbar noch am ähnlichsten war. Wie es Regel ist, dass der Freigelassene den Namen der *gens* annahm, so konnte (oder musste?) dasselbe unzweifelhaft in alter Zeit auch vom Clienten geschehen, wie dies der Name des M. Claudius[4]), des Clienten des Decemvirs App. Claudius beweist. Auch jenes Clientelverhältniss von auswärtigen Gemeinden zu vornehmen Römern[5]) (gewöhnlich ihren Ueberwindern), welches formell der alten Clientel streng nachgebildet ist, knüpft das Schutzverhältniss nicht blos an die Person eines Mannes, sondern an seine *gens*, in der das Patronat erblich verblieb. So hat die gens *Fabia* das Patronat über die Allobroger[6]),

---

1) Gellius V, 13.
2) Dion. II, 10. Der Sinn der Stelle ist nicht ganz sicher. Nach dem Wortlaut muss man wohl Ausgaben für den Staat verstehen, während der Zusammenhang auf Ausgaben für die *gens* selbst führen könnte. Das erstere würde übrigens das letztere gewissermassen einschliessen.
3) Cic. de or. I, 39.
4) Liv. III, 44, 5 ff.
5) Cic. off. I, 11, 35.
6) Appian. b. c. 2, 4.

die *Quasi-gens* der *Claudii Marcelli* das Patronat über die Sicilier behauptet.[1]) Gehören hiernach die Clienten auch der gesammten *gens*, so liegt hierin wiederum ein Beweis für das, was wir schon oben auf andere Weise erfahren haben, dass die *gens* in gewissem Sinne als Besitzerin des Grund und Bodens gegolten haben muss, welcher den Clienten zum Wohnsitz und Niessbrauch gewährt wurde.

Es bedarf nun kaum noch einer Erläuterung, dass in dem Vorhandensein und Anwachsen der Clientel der freien Ausbreitung der *gentes* ein weiteres starkes Hinderniss entgegen stand. Denn der Acker, welcher den Clienten überlassen war, musste immerhin als den Gentilen entzogen angesehen werden. Wenn nun trotzdem das Verhältniss der Clienten nicht als ein hartes, sondern als ein sehr erträgliches geschildert wird, wenn die materielle Schädigung der Clienten als Frevel galt, so war es offenbar der Glanz und der Einfluss, den eine grosse Clientel verlieh, welcher für die materiellen Opfer, den sie kostete, als Entschädigung angenommen wurde. Wie liess sich aber dieser Glanz, wie liess sich die so ausserordentlich bevorzugte Stellung der Patricier gegenüber den Clienten behaupten, wenn die patricischen Geschlechter mit den Proletariern an Fruchtbarkeit wetteiferten, wenn in Folge dessen bald Gentilen ihren Clienten an Dürftigkeit gleichstanden?

Momente also, welche indirect der natürlichen Ausbreitung der patricischen Geschlechter entgegenwirken, eine stärkere Vermehrung als unzuträglich hinstellen mussten, erkennen wir genug; aber um so weniger sehen wir noch, wie eine solche Raison praktisch werden, wie die Ausbreitung gehemmt werden konnte. Denn erinnern wir uns wiederum, dass Testamente für jene Zeit als die Ausnahme, die Intestaterbschaft als die Regel gelten muss, so ist es klar, dass gerade diese zügellose Vererbung, um so zu sagen, und fortwährende gleiche Vertheilung unter die Erben gleichen Grades, eine sehr schnelle Zersplitterung des Gentileigenthums, eine Zerlegung gerade desjenigen Theils, welcher nicht den Clienten vergeben, sondern den Gentilen vorbehalten war, in so kleine Bruchstücke zur Folge haben musste, dass dabei weder eine gedeihliche Entwickelung des Ackerbaues, noch der Wohlstand und das Ansehen der Geschlechter bestehen konnte.

Desshalb müssen wir annehmen, dass vielleicht auch hier die Icti den Bestimmungen der XII Tafeln, von denen wir ja so geringe Fragmente kennen, Zwang angethan haben. Wenigstens giebt die Art, wie der Ausdruck *proximum agnatum* (*Instit.* III, 2, 3 ff.) erläutert wird, eine Probe davon. Indess wahrscheinlicher noch, ja zweifellos ist es, dass die Bestimmungen des Erbrechts, wie sie in den XII Tafeln enthalten und für die gesammte erweiterte *civitas* bemessen waren, sich schon recht wesentlich unterschieden von den Erbrechtsbräuchen des älteren reinen Patricierstaats. Es ergiebt sich

---

1) Liv. XXVI, 32; Cic. Verr. II, 49, 122.

dies schon genügend aus den Momenten, dass die XII Tafeln offenbar die Testamentserbschaft als die Regel, die Intestaterbschaft als die Ausnahme betrachten[1]), während es in der Blütezeit der Gentilität gerade umgekehrt lag.

Wir erhalten nun in dieser dunklen Angelegenheit, wie mir scheint, einen Aufschluss durch einen altüberlieferten Begriff, der schon den Alten, den Kennern der XII Tafeln, nicht mehr recht deutlich war, wenn er auch in denselben noch vorkam; ich meine den Begriff des *heredium.* Varro r. r. I, 10, (2): *Bina iugera, quod a Romulo primum divisa viritim, quae heredem sequerentur, heredium appellarunt.* Fest. ep. p. 53: *heredium — praedium parvulum.* Diese Angaben sowie die Erklärung des Plinius mit *hortus*[2]) (*in XII tab. nusquam nominatur villa, semper in significatione ea hortus, in horti vero heredium*) stellen es sicher, dass *heredium,* was Erbgut bedeutet, ein quantitativ bestimmter Begriff war. Die Existenz eines solchen Normalerbtheils (*quae heredem sequerentur*) verträgt sich gut mit der Intestaterbschaft, nicht aber mit der unbeschränkten Gültigkeit dessen, was nach den XII Tafeln Rechtens war, mit der Erbschaft zu gleichen Theilen unter den Erben gleichen Grades. Desshalb liegt die Annahme nahe, dass ursprünglich die regelmässigen Erbtheile der Söhne, der *sui heredes,* solche *heredia* waren. Es war Sitte, dass der Vater schon bei Lebzeiten den Söhnen ein *peculium* aussetzte[3]), also einen Besitz an beweglichem Gut von beliebiger Grösse, der bei seinen Lebzeiten noch unsicher und widerruflich war, wenn er aber starb und die Söhne *sui iuris* wurden, so festes Eigenthum wurde, als es nur gab. Zu diesem beweglichen Besitz trat nun ebenfalls durch Erbschaft das *heredium,* d. h. ein Grundbesitz von zwei *iugera,* welcher dem Manne der *sui iuris* war, einen festen, unanfechtbaren Sitz bot. Wir hätten also hier ebenfalls innerhalb des Grundbesitzes der *gens,* wenn wir ihn in seiner Gesammtheit betrachten, kleine gesonderte Grundstücke, wie wir solche auch im Besitz der Clienten annahmen, freilich mit ganz anderer rechtlicher Grundlage. Viel ist bekanntlich gestritten worden, inwieweit zwei *iugera* zur Ernährung eines Hausstandes ausreichten. Wenn wir die Nutzung gemeinsamen staatlichen Weidelandes annehmen, mochten sie für den Besitzer genügen, aber sicher waren sie nicht hinreichend seine Nachkommenschaft auszustatten. Denn da der Besitzer bei seinem Tode eben nichts als jenes *heredium* (ausser seinem Viehbesitz) zu vererben hatte, welches, wenn wir bei dem Begriffe bleiben, nicht theilbar war, und da sich nicht erweisen noch annehmen lässt, dass er seinen Nachkommen noch etwas anderes vererben konnte, so folgt

---

1) Was schon das blosse Vorkommen des Terminus *intestato* beweist. Bruns font. p. 20, 4.
2) N. h. XIX, 4, 50.
3) Lange, R. A. I, p. 129.

daraus, dass der Besitz des *heredium* die Gründung eines patricischen Hauses nicht ermöglichte. Denn wenn auch die Ausstattung e i n e s Sohnes denkbar wäre, so würde doch für die übrigen die Behauptung ihrer patricischen Stellung ebenso undenkbar sein, als der Uebergang in die Clientel, womit auch die Ansicht, dass aus derselben Ehe der eine Sohn Patricier sein könnte, die andern nicht, sich als unhaltbar beweist. So hätten wir allerdings ein praktisch wirksames Hinderniss der Ausbreitung des Geschlechts. Denn da auch durch Heirath Grundeigenthum nicht erworben werden konnte, da andrerseits die Hand eines so wenig vermögenden nicht lockte, so musste sich wenigstens die praktische Folge ergeben, dass viele Patricier ohne ebenbürtige Leibeserben blieben.

Aus der Fixirung aber des regelmässigen Erbtheils auf ein gewisses Quantum ergiebt sich, dass ein Bestand von Grund und Boden immer ungetheilt übrig war, welcher als Eigenthum dessen gelten musste, der eine Familie zu gründen im Stande sein sollte, indem seine Söhne *ab intestato* aus jener Masse *heredia* ererbten. Der wiederum übrig bleibende Rest musste ebenfalls auf einen übergehen und als dessen verfügbares Eigen gelten, der nun auch seinerseits befähigt und verpflichtet war die Familie fortzupflanzen. Da naturgemäss nur etwa die Erstgeburt zu einer solchen Bevorzugung berechtigte, so kommen wir nothwendig auf Majoratsvererbung. Berücksichtigen wir weiter, dass die übrigen Söhne Besitzer einfacher *heredia,* zur Gründung eines patricischen Hauses nicht befähigt, ohne ebenbürtige Leibeserben starben, so mussten ihre *heredia,* wenn sie nicht etwa nichtebenbürtigen Nachkommen in anderem Rechtsverhältnisse, etwa als Clienten, *precario* überlassen wurden, weil sich die Familie ja nur in einer Linie fortpflanzte, durch Agnatenerbschaft an diese Hauptlinie, d. h. in die ungetheilte Masse zurückfallen.

Dass die Majoratsvererbung dem römischen Wesen nicht fremd ist, dafür lässt sich wenigstens ein recht gewichtiges Argument aus dem Gebrauch der *praenomina* gewinnen. Es ist bekanntlich in Rom stets Usus gewesen, dass der älteste Sohn das *praenomen* des Vaters erhielt. Sehr bedeutungsvoll ist nun dabei, dass erst bei der Mündigkeitserklärung das *praenomen* definitiv verliehen wurde. Es wurden dadurch die Gefahren, welche sich aus der bedeutenden Mortalität innerhalb der ersten 15 Lebensjahre ergaben, vermieden, indem zweifellos dem ältesten, der *vesticeps* wurde, das väterliche *praenomen* beigelegt wurde, auch wenn ältere Brüder verstorben waren und es gewohnheitsmässig schon geführt hatten. Es gaben sodann die körperlichen und geistigen Eigenschaften des mannbaren Sohnes schon eine gewisse Garantie, dass er geeignet sein und lange genug am Leben bleiben würde, das Ansehen seiner Stellung zu behaupten und das Geschlecht fortzupflanzen. Denn es ist ja nicht zweifelhaft, dass dem Vater Mittel zu Gebote standen, den Sohn, wenn er ihm nicht geeignet schien, auszuschliessen. Zunächst konnte

er ihn kraft seiner *patria potestas* verkaufen u. s. w. Damit hängt
es wohl auch zusammen, dass es ihm nicht mehr gestattet war, mit
solcher Willkür über ihn zu verfügen, z. B. ihn zu verkaufen, wenn
er ihm einmal die Ehe bewilligt hatte, also etwaige Rechte eines
Enkels in Betracht kommen konnten. Dagegen stand es ihm frei,
den nothwendigen *consensus* zur Ehe zu versagen und einem andern
Sohne die Heirath zu gestatten; letzteres aber schwerlich allein nach
eigner Willkür (s. unten). (Endlich müssen wir hierher noch den
Fall ziehen, in welchem wahrscheinlich zuerst Testirung üblich ward,
wenn nämlich einer ungeeigneten Person das Haupterbe entzogen
und auf die nächstberechtigte innerhalb der *gens* übertragen werden
sollte). Starb der regelmässige Erbe kinderlos, so ging die Erbschaft freilich auf einen anders benannten über; und damit wurde
nun ein anderes *praenomen* das vornehmste innerhalb der Familie,
denn war der nächste Erbe der älteste Sohn, so hiess er wiederum
nach seinem Vater. Alsdann kehrte das ursprüngliche erste *praenomen* bei jüngeren Söhnen wieder und konnte durch Zufälle wiederum
zum vornehmsten der Familie werden.

Nach dem Gesagten wären nun innerhalb der patricischen *gens*
zuvörderst allerdings auch mehrere Zweige, mehrere solche Erbstränge
nebeneinander denkbar, die alsdann freilich sammt ihrem Grundbesitz
als streng geschieden gelten müssten, wenn sie zuletzt auch wieder
als Gentilen einander beerben würden. Solche gegenseitige Beer-
bung würde aber, stets Intestaterbschaft vorausgesetzt, jedesmal eine
Verschmelzung mit sich bringen, so dass die *gens* sich auf immer
weniger Zweige reduciren und zuletzt vereinigen würde. Spalten
aber konnten sich diese Zweige niemals, und wenn etwa die *gens*
ursprünglich ungetheilt war, so blieb sie es auch. Da wir nun
keine Spuren von Unterabtheilungen innerhalb der *gentes* nachweisen
konnten, so ist es nur consequent, wenn wir uns die *gens* als ungetheilte Familie vorstellen, in welcher das gesammte Gentilgut, so
weit es ungetheilt ist, nach dem Majorate vererbt und die jüngeren
Söhne durch *heredia* gesichert werden. Der Erbe des ungetheilten
Gentilgutes, zugleich der Vater der neuen Familie, ist als Gentilhaupt anzusehen.

Zur Annahme eines erblichen Gentilhaupts nöthigen aber auch
alle andern Umstände. Der gesammte Grundbesitz der *gens*, der
auch, wenn er an Clienten vergeben, auch soweit er in Gestalt von
Heredien abgesondert war, immerhin in gewissem Sinne gemeinsam
war und blieb, jene Stücke des Grundbesitzes ferner, welche, sei es
als *sepulcrum* oder sonstige geweihte Stätte, sei es als gemeinsame
Weide ungetheilt waren, setzen immerhin eine Person voraus, welche
dem Staat und den andern Geschlechtern gegenüber die Gesammt-
rechte vertritt.

Noch mehr aber nöthigen zur Annahme eines Gentilhaupts die
Verhältnisse der Clientel. Wenn wir die Clientel oben richtig beur-

theilt haben, so folgt nur, dass der patricische Besitzer eines blossen *heredium* l'atron in dem alten Sinne, d. h. derjenige, der den Rechtsschutz nicht nur gewährte, sondern die Rechtshoheit besass auf Grund materieller Gegenleistungen, nicht sein konnte. Auf der andern Seite ist es ja aber auch weder denkbar, dass die Clienten bei der Erbtheilung mit vertheilt wurden, noch auch, dass ihnen die Wahl des Patrons schlechthin freistand. Das ganze Verhältniss setzt die Erblichkeit des Patronats voraus und zwar eine solche, die sich mit Ausschluss aller menschlichen Willkür durch die natürliche Ordnung der Dinge ergab. So führt auch die Clientel ihrem Wesen nach auf ein erbliches Gentilhaupt, einen Gentilvater. Dieser war als der Verweser des Gentilvermögens, an welchem auch die Clienten prekären Antheil hatten, auch die Schutzhoheit, das *patrocinium*, zu üben berechtigt; er war im Stande aus dem ungetheilten Gentilgut Clienten zu dotiren, an ihn oder, was dasselbe sagen will, in die ungetheilte Masse fiel das Gut zurück, wenn ein Client ohne Leibeserben starb und die *gens* als Erbin eintrat. So erklärt es sich, dass die Clienten zugleich zu der gesammten *gens* und doch zu einem bestimmten *patronus* in Clientel standen. Der *patronus* aber aller Clienten des Geschlechts ist eben das Gentilhaupt.

Wir erkennen hiernach einen grossen Unterschied zwischen dem Gentilhaupt und den andern Gentilen. Prüfen wir in Bezug hierauf die hierher gehörenden alten Namen, so ist es zunächst deutlich, dass dem Gentilhaupt die Benennung *pater* in hervorragendem Sinne mit der römisch-charakteristischen Bedeutung des Herrn zusteht, dem gegenüber die übrigen Geschlechtsgenossen ohne Zweifel nur auf den Namen *patricii* Anspruch hatten (weil sie selbst rechtmässige Söhne eines solchen *pater* sind), mögen sie nun in rein natürlichem Verhältnisse, wie es ja auch die Clienten sein könnten, *patres* sein oder nicht. Das erbliche Verhältniss jener Vaterstellung möchte ich mit dem Worte *patrimonium* bezeichnet glauben, dessen Bedeutung als „Vaterverhältniss" sich durch den Vergleich mit *matrimonium*, welches demgemäss ursprünglich „Mutterverhältniss" bezeichnen muss, herausstellt. Wie das erstere Wort in die Bedeutung „Vatererbe" übergehen konnte, ergiebt sich bei der Natur des römischen Erbverhältnisses von selbt; ebenso dass dieser Bedeutung *matrimonium* nicht folgen konnte.[1]) Letzteres erhielt die Bedeutung der „Ehe" (vom Standpunkt der Frau aus, was die Ausdrücke *in matrimonio habere* u. s. w., der Gebrauch von *matrimonia* = Ehefrauen klar machen). Jene Analogie legt nun die Frage nahe, ob *matrimonium* ursprünglich auch auf andere Ehen als auf die Ehe des Gentilhaupts mit seiner Gattin anwendbar war. Wir ziehen weiter die Ausdrücke *pater familias* und *mater familias* heran. *Pater familias* im eminenten

---

1) Als nach späterem Recht auch Frauen selbständiges Vermögen besassen und vererbten, gab es auch *patrimonium maternum*.

Sinn war offenbar das Gentilhaupt, insofern ihm die Fortpflanzung
des Geschlechts allein oblag und insofern er als grösster Besitzer
den grössten Sklavenstand, überhaupt die grösste. *res familiaris* besass. Es lässt sich aber auch nicht zweifeln, dass unter dem Ausdruck *familia*, der Freie und Sklaven umfasste, auch die Clientel
mit eingeschlossen werden konnte.[1]) Damit wäre denn das Gentilhaupt *pater familias* in einer Weise wie kein anderer innerhalb der
gens. Indess es lässt sich fragen, ob ihm die Bezeichnung *pater*
familias und ebenso seiner Gemahlin die Benennung *mater familias*
nicht ausschliesslich zustand in streng juristischem Sinne. Wir erfahren nämlich, dass ein *pater patrimus*, d. h. ein solcher Haussohn,
der schon Nachkommen hatte, selbst nicht *pater familias* war[2]), und
ebenso seine Frau nicht *mater familias*. Vgl. Paulus[3]): *mater fa-*
miliae non ante dicebatur, quam vir cius pater familiae dictus esset;
non possunt in una familia plures practer unam appellari. Wenn
der *pater familias* starb, so hörte seine Wittwe auf *mater familias*
zu sein, und diese Würde ging auf die Frau des Sohnes, des neuen *pater*
familias, über (Paul. a. a. O.: *sed nec vidua hoc nomine — appellari*
potest). Wenn wir nun mit Recht annehmen, dass auch die Clienten
zur *familia* gezählt wurden, so folgt ferner, dass auch den Clienten
und ihren Gattinnen dieser Ehrentitel nicht zustand, sondern nur
ihrem *patronus* und ihrer *matrona*[4]); denn auch letzteres Wort
möchten wir geneigt sein zunächst in dem auszeichnenden Sinne als
Gemahlin des Schutzherrn zu nehmen, woraus erst später die Bedeutung ehrenhafte Frau entstand. Was nun endlich die *patricii*
angeht, welche nicht das *patrimonium gentis* haben, so darf man
wohl die Nachricht bei Paulus p. 96 *s. v. familia* hierherziehen: *fa-*
milia antea in liberis hominibus dicebatur, quorum dux et princeps
dicebatur pater et mater familiae; unde familia nobilium Pompilio-
rum (?), Valeriorum, Corneliorum. Der Epitomator des Festus giebt
hier eine Notiz, die sich offenbar auf die *gentes* bezieht, wie denn
auch solche namhaft gemacht werden, da ja von dem Haupt eines
Hauses oder Hausstandes nicht der Ausdruck *dux et princeps generis*
gebraucht sein würde. Hiernach lässt sich annehmen, dass noch in
bekannterer Zeit in den patricischen *gentes*, die man damals übrigens
auch *familiae* zu nennen gewohnt war, ein Mann und seine Gattin
auf die Würde und den Titel des *pater* und der *mater familias* Anspruch gehabt hätten. Noch mehr muss dies von der ältesten Zeit
gelten. Alsdann gelangen wir aber wiederum zu dem Resultate,
dass jede *gens* nur eine *familia* umschliesst, dass beide Begriffe
keineswegs identisch sind, sondern sehr verschiedenes bezeichnen,

---

1) Cf. Festus unter *patronus* p. 253.
2) Cf. Festus unter *pater patrimus* p. 234.
3) p. 125, unter *mater familiae*.
4) Dass die Bezeichnung *patrona* als Herrin eines Freigelassenen (Plin.
cp. X, 4, 1) aus jüngeren Rechtsverhältnissen stammt, ist wohl klar.

aber real in der Hauptsache zusammentreffen, sodass desshalb später der Name *familia* für das, was der ursprünglichen *gens* ähnlich war, aber nicht mehr *gens* hiess, für das natürliche Geschlecht angewandt werden konnte. Nicht zur *familia* innerhalb der *gens*, wohl aber zur *gens* gehörten diejenigen *gentiles* und *patricii*, welche *sui juris* waren und *heredia* besassen.[1]) So haben wir innerhalb der *gens* einen *pater*, den *pater familias*, den *patronus* der Clientel, und ihm entsprechend eine *mater familias*. Und nun wiederholen wir die Frage, ob nicht auch der Begriff des *matrimonium* allein auf die Ehe der *mater familias* (*matrona*) mit dem *pater familias*, welcher das *patrimonium gentis* besass, im strengen Sinne angewendet werden konnte.

Von den verschiedenen Formen der römischen Ehe ruhen die *confarreatio* und die *coemptio* auf derselben Grundlage insofern, als beide die Frau der *manus* des Mannes untergeben. Aber jene charakterisirt sich als die specifisch-patricische Form, was schon daraus hervorgeht, dass zu jeder Zeit nur diejenigen specifisch-patricische Aemter (*flamen Dialis, Martialis, Quirinalis, rex sacrorum* u. s. w.) bekleiden konnten, welche einer Confarreationsehe entstammten und in einer solchen lebten[2]). Sie ist also eine uralte Form. Ihr gegenüber ist die *coemptio* jünger[3]), da sie erst entstand, als sich aus dem Tauschhandel heraus Kauf und Verkauf, der Gebrauch von *aes* und *libra* schon entwickelt hatte; ja die Annahme, dass die 5 Zeugen mit den sogenannten servianischen Classen zusammenhängen, ebenso wie die 5 Zeugen bei dem *testamentum per aes et libram* oder *per familiae emancipationem* hat doch viel wahrscheinliches. So viel ist sicher, dass beide Formen nicht als gleichgültig und beliebig wählbar ursprünglich neben einander bestanden haben können, dass es die Veränderung der Verhältnisse, die Umgestaltung des Patricierstaates gewesen sein muss, welche die Form der *coemptio* neben der alten *confarreatio* einführte. Wenn nun aber die *coemptio* als jüngeren Ursprungs sich erweist, so ist es doch nicht möglich, dass die *confarreatio* zu irgend einer Zeit die einzige in Rom übliche Form der Ehe gewesen ist, weil sie eben nur Patricierehe ist. So werden wir an die dritte Form der römischen Ehe denken, an die Ehe durch *usus*. Ueber diese eigenthümliche Form der Ehe und ihren ursprünglichen Sinn divergiren die Ansichten sehr. Es ist mir nicht denkbar, dass bei der Schöpfung dieser Eheform, da durch den Act der Eheschliessung *manus*[4]) nicht entstand und die Ehe auch ohne *manus* als rechte Ehe fortbestand und — auch wenn *manus*

---

1) Dasselbe Rechtsverfahren bestand für die *virgines Vestales,* die *flamines maiores* und wohl auch für alle lebenslänglichen Beamten der kgl. Zeit.
2) Lange, R. A. I. p. 116.
3) Lange a. a. O. p. 119.
4) Vgl. Lange a. a. O. p. 122.

vermieden ward[1]) — fortbestehen konnte, die Absicht *manus* zu erzielen überhaupt vorgelegen hat. Denn diese Absicht wäre eben auf eine gar zu wunderliche Weise erreicht. Vielmehr scheint es, als sei erst später, als es schon eine Manusehe gab, die in der Form des Gütererwerbs geschlossen wurde, nämlich die *coemptio,* auch Regeln des Gütererwerbs, nämlich die *usucaptio* auf eine schon bestehende Form der Ehe übertragen, so dass sie auf diese Art *manus* durch *usus* erhielt. So erklärt es sich, dass auch später diese Form der Ehe gewählt wurde, um *manus* zu vermeiden. Wenn man also behauptet, dass die Ususehe jünger sei, als die Coemptionsehe, so ist soviel gewiss, dass die *manus* bei dieser Eheform und desshalb auch der Name *usus,* weil er auf die Erwerbsart der *manus* Bezug hat, jüngeren Ursprungs ist, dass aber eine Form der freien Ehe schon bestand, aus welcher die sogenannte Ususehe wurde. Eine solche Eheform ist der Clienten wegen nothwendig anzunehmen, · weil auf diese die patricische *confarreatio* keine Anwendung hatte. Dass aber die Clienten eine Ehe ohne *manus* eingingen, ist desshalb recht wohl glaublich, weil das Patronatsrecht z. B. durch das Recht des Mannes die Frau zu verkaufen, welches die *manus* mit sich bringen würde, beeinträchtigt war. Eine Ehe, welche Patricier mit Clientinnen schlossen, war natürlich von derselben Art. Wenn wir wie bei Cicero top. 3, 14 lesen, dass noch in später Zeit der Frau, welche nicht in der *manus* des Mannes war, sondern in freier Ehe, d. h. in einer Ususehe, bei welcher die *manus* vermieden war, lebte, nur der Name *uxor,* nicht der Name *mater familias* zustand, so stimmt dies durchaus mit dem, was wir oben gesehen haben. Wir dürfen aber ebenso gut schliessen, dass auch der Name *matrona* und der Name *matrimonium* auf eine Ehe ohne *manus* in ältester Zeit Anwendung nicht hatte, welches letztere Wort ja überhaupt nicht als eigentliches *proprium* für Ehe gelten kann, sondern, wie wir sehen, nur die Ehe von Seiten des Weibes, eigentlich Mutterverhältniss mit ehrender Nebenbedeutung bezeichnet. So folgt zunächst, dass dieses Wort in ältester Zeit nur auf die Confarreationsehe Anwendung haben konnte. Bei der *confarreatio* finden wir nun, abgesehen von dem nothwendigen *conubium,* was nur zwischen Patriciern bestand, den *consensus* beider *patres,* oder was an der Stelle war, die Gegenwart von 10 *testes* und die Function des *flamen Dialis* nothwendig[2]). Auch konnte eine solche Ehe nur durch *diffarreatio*[3]) gelöst werden, und der Mann war durch religiöse Gebote gehindert seine Gewalt über die Frau zu missbrauchen.[4]) Alles dies beweist eine äusserste Sorgfalt. Die Bemühung des höchsten Priesters bei

---

1) Nämlich durch die Abwesenheit der Frau während eines *trinoctium* vor Ablauf des Jahres. Cf. Gell. III, 2.
2) Vgl. Lange, R. A. I, p. 114 u. 116.
3) Fest. p. 95 und sonst.
4) Plut. Rom. 22.

jeder solchen Ehe beweist die Gewichtigkeit und relative Seltenheit des Actes nicht nur, sondern auch die sacralrechtliche Beaufsichtigung, die 10 *testes* aber, welche an die Zehnzahl der Curien jeder Tribus erinnern[1]), scheinen dafür zu sprechen, dass eine Controle bestand, wie sie dem ganzen streng und absonderlich geordneten gentilicischen Familien- und Erbrecht entspricht. Durch diesen Apparat war die reine und einheitliche Erhaltung des Geschlechts, die legitime Erbfolge innerhalb der *gens* nach Möglichkeit gesichert. So ward erreicht, was man eben wollte, dass es innerhalb der *gens* nur ein gewissermassen erbliches *matrimonium* (der einen *mater familias*) gab, welches dem *patrimonium* (des einen *pater familias*) entsprach.

Soviel von der Einrichtung der patricischen *gens*.

Die Verschiedenheit unserer Auffassung von der gewöhnlichen liegt ja auf der Hand, doch darf sie auch nicht grösser erscheinen, als sie ist. Am meisten steht uns vielleicht der abweichende Begriff entgegen, welchen man gemeiniglich mit dem Worte *gens* zu verbinden gewohnt ist. Diente doch dem Lateinischen dieses Wort auch als die allgemeinste und weiteste Bezeichnung des Volkes in Beziehung auf seine physische Abstammung. Auch waren die späteren römischen *gentes* in der That weit verbreitet, sodass sie oft zahlreiche Familien umfassten, und die Alten selbst pflegten die *gens* als einen grossen Complex aufzufassen und darzustellen, wie wir durchaus zugeben müssen. Aber dass die Bedeutung Volk eine abgeleitete, die Bedeutung Geschlecht die ursprüngliche ist, bedarf keines Beweises, und gerade aus dieser Bedeutung heraus ergiebt es sich, dass man mit dem Worte *gens*, abgesehen ·von der Praxis des späteren Rechts[2]), die Bedeutung des natürlichen Geschlechts überall zu verbinden gewohnt war, wesshalb denn die Anwendung auf die spätere *gens* als eine übertragene gelten muss. Im ersten und eigentlichen Sinne kann *gens* nichts sein als das natürliche Geschlecht, und in dieser Weise ist es die sachgemässe und ursprüngliche Bezeichnung der patricischen Familie, wie wir sie in Folge einer eigenthümlichen Beschränkung als einfach und unverzweigt kennen gelernt haben. Aber es ist nicht weniger klar, dass durch die Einrichtung der *gens* selbst eine erweiterte Anwendung jenes Wortes veranlasst wurde, indem man die Clienten mit unter dasselbe begriff. Denn wie alle Angehörigen und Zugehörigen des Geschlechts wahrscheinlich selbst das *nomen gentile* gemeinsam führten, wie sie auf dem gemeinsamen Grundbesitz wenn auch in verschiedenem Rechtsverhältniss sassen und gemeinsame *sacra* bewahrten, wie sie dem Staate zu gemeinsamen Leistungen verpflichtet gewesen zu sein scheinen[3]), wie sie auch durch Blutsbande verbunden sein

---

1) Cf. p. 35.
2) p. 2.
3) p. 19 u. Anm. 2.

konnten, so bildeten sie alle in der That ein enggeschlossenes Ganze, auf welches der Name *gens* ganz passend angewandt wurde. Auch konnte es nicht ausbleiben, dass wie die Patricier innerhalb einer *gens*, so auch die Clienten, welche ein und derselben *gens* angehörten, einander als *gentiles* bezeichneten, zumal da die Geschlechtsgenossen im strengen Sinne (*ingenui?*) durch den Namen *patricii* unterschieden und ausgezeichnet waren. So gewinnt denn die Anschauung der Alten von der Grösse der *gentes* ebenfalls ihre Berechtigung, nämlich wenn wir überall, insbesondere an jenen Stellen[1]), wo von dem Auszug der Fabii, von der Verbannung der Tarquinii, von der Einwanderung der *gens Claudia* die Rede ist, wie wir auch aus andern Gründen thun müssen, die Clienten einbegriffen glauben. So wird es erklärlich, dass späterhin Patricier und Nicht-Patricier gesetzlich *gentiles* sein konnten; so war der Uebergang zur späteren Gentilität, wie sie durch die XII Tafeln fixirt war[2]), in der alten Einrichtung schon angebahnt. Bei dieser weiteren Fassung des Begriffs, die ebenfalls praktische Berechtigung hat, dürfen desshalb auch wir sagen, dass es innerhalb der *gens* mehrere Familien und Hausstände gab, wenngleich die oben besprochenen Termini im strengen Sinne ursprünglich nur der einen patricischen Familie innerhalb der *gens* zustanden.

Wie lange hat sich nun die alte Institution in ihrer Reinheit erhalten und durch welche Umstände ist sie aufgelöst worden? Diese Frage lässt sich in der Kürze dahin beantworten, dass in Folge von Kriegen ausser neuem *ager publicus* eine Bevölkerung dem Staate angeschlossen wurde, welche in den patricischen Gentilverband sich nicht fügte, nämlich die *plebs*.[3]) Denn die Plebejer hatten weder *gentes* in patricischer Weise, noch traten sie zu den alten *gentes* als *clientes* in Beziehung, sondern sie sassen als freie Bauern auf ihrem freien, nicht beschränkten Grundeigenthum. So wurde der Begriff des veräusserlichen Grundeigenthums in Rom eingeführt, der Begriff des *mancipium* und der *mancipatio* auf Grundeigenthum übertragen. Die Patricier aber, welche *sui iuris* waren, besonders die Heredienbesitzer, durch stärkeren Antheil am vergrösserten *ager publicus* bereichert, waren durch nichts gehindert alsbald freies Grundeigenthum käuflich zu erwerben. Sollten nicht die in dieser Zeit üblichen *cognomina*[4]) *Camerinus, Medullinus, Fidenas*, vielleicht auch *Collatinus*, entnommen von Stadtgebieten, welche damals unterworfen waren, daraus zu erklären sein, dass Patricier in jenen Gegenden, sei es am *ager publicus*, sei es an gekauftem Privateigenthum Besitz erwarben? So erklärt es sich, wie mir scheint, auch allein, dass die *tribus rusticae*, als sie im Anfange der republikanischen Zeit

---

1) Vgl. Schwegler II, p. 527 ff.
2) Cf. p. 4.
3) Cf. p. 114 ff.
4) Nicht sehr abweichend von der Ansicht Madvigs Opusc. Acad. I, 251.

gegründet wurden, durchweg (oder fast durchweg) patricische Gentilnamen erhielten. Denn die gewöhnliche Ansicht[1]), dass diese *tribus*
aus alten, ursprünglichen Gentilgebieten hervorgegangen seien, ist
doch nicht wohl begreiflich, da die Grenzen Roms in der Königszeit
unzweifelhaft Erweiterungen erfahren haben, jene patricischen *gentes*
aber nicht allesammt erst mit dieser Erweiterung eingetreten sein
können, sondern dem Staate von älterer, meist von ältester Zeit
angehört haben müssen.

Fiel aber durch Bereicherung der Heredienbesitzer, welche nun
grössere Grundbesitzer wurden, das praktische Hinderniss einer Fa-
miliengründung weg, so muss angenommen werden, dass die prin-
cipiellen Hindernisse, welche in dem gentilicischen Rechte und seiner
strenggeordneten Handhabung lagen, allmählich wichen. Spuren
solcher Bestrebungen, die am Königthume eine Stütze hatten, sind
nicht ganz verwischt.[2]) Doch zeigt die schnelle Abnahme, welche
das Patriciat, obgleich es noch durch die *gentes minores* vermehrt
wurde, in der letzten königlichen und ersten republikanischen Zeit
erfuhr, dass man sich nicht schnell entschloss die Schranken fallen
zu lassen. Trotzdem haben wir, selbst abgesehen vom tarquinischen
Hause, Nachrichten, dass jüngere Söhne patricische Familien gründe-
ten[3]) und Nachkommen hatten. So konnte es fortan innerhalb der
gens mehrere *patres* geben.

Damit halte man zusammen, dass offenbar wegen der Abnahme
des Patriciates, dessen *gentes* nicht mehr den 300 Senatorenstellen
an Zahl gleichkamen, sicher schon in der ersten Zeit der Republik,
vielleicht aber schon früher, mehrere Mitglieder derselben *gens* im
Senate waren.[4]) Es ist undenkbar, dass diesen fortan noch die
Gründung eines Hauses versagt werden konnte, da sie schon von
Staatswegen *patres* waren.

Es lässt sich nun annehmen, dass der eigentliche Gentilvater
den übrigen Vätern gegenüber noch immerhin eine bevorrechtigte
Stellung und ein gewisses Ansehn behauptete. Indess konnte diese
Autorität nicht sehr weit gehen, da ja auch ursprünglich seine hervorragende Stellung sich wesentlich auf seinen Charakter als einziger
pater familias innerhalb der *gens* stützte und wir von einer gebieten-
den Stellung gegenüber denjenigen *gentiles*, welche *sui juris* waren,
nichts vermuthen können.

Gründete aber ein anderes Mitglied der *gens* ein eignes Haus,
so ist dadurch die alte Erbordnung der *gens* völlig gestört. Es er-

---

1) Vgl. Mommsen, d. Tribus p. 6 f.
2) *Patres minorum gentium* und patricische *iuvenes* erscheinen als An-
hänger des Tarquinius Superbus. Liv. I, 47, 7.
3) Von beiden Valerii, dem P. Poplicola und seinem Bruder M. sind
Nachkommen nachweisbar.
4) Die beiden genannten Valerii, App. und C. Claudius, Q., K. und
M. Fabius u. s. w.

giebt sich nothwendig, dass eine Sonderung vereinbart werden musste, insofern der neue *pater familias* ausser etwa dem *heredium* für seine Nachkommenschaft Erbantheil am alten Gentileigenthum in erster Reihe nicht beanspruchen konnte; sondern ihnen nur sein persönliches Eigenthum zu vererben berechtigt war. So entstanden besondere *agnationes* innerhalb der *gentes*, welche im Erbrecht den Gentilverbänden vorgingen. Es ist aber deutlich, dass dadurch die Hauptlinie zum Gentilgut ebenfalls in bestimmteres Verhältniss trat. Der häufige Zusammenfall verschiedener Gentilbesitzungen durch Aussterben vieler Häuser (*testamentificatio, arrogatio*) trug ebenfalls zur Lockerung der Verhältnisse bei und konnte zur Gründung verschiedener Zweige innerhalb der *gens* verleiten. So begann das Gentilgut dem übrigen freien Grundbesitz sich einigermassen anzunähern. Es ist auch zu erwähnen, dass in Folge dieser Verhältnisse ein Gentilrath aller *gentiles*, welche *sui juris* waren[1]), da sie ja nun auch alle *patres* sein oder werden konnten, da eintreten musste, wo früher wohl der Gentilvater selbständig gehandelt hatte.

Die erwähnten Umstände trugen aber auch mehr oder weniger bei zur Lockerung und Aenderung des Clientelverhältnisses. Auf die Dauer konnte die Natur des Besitzrechtes, die ursprüngliche prekäre Dotation durch die *gens*, in Vergessenheit gerathen. Dazu kam einerseits die commercielle Entwicklung Roms, die Gründung von Handwerkerzünften u. s. w., wodurch die Clienten wirthschaftlich selbständiger wurden, andrerseits der Einfluss des Staates, welcher sie direkter in Anspruch nahm und dafür sie mehr auf eigne Füsse stellen half. Das Aussterben vieler Häuser trug dazu bei, da das Verhältniss zum willkürlich gesetzten Patron die alte Bedeutung nicht behalten konnte. Die Erwerbung der *manus* durch *usus* veränderte das Wesen der Clientenehe und setzte sie den andern Eheformen gleich, so dass bald die Bezeichnungen *pater* und *mater familias, matrimonium, matrona* eine weitere Bedeutung und allgemeine Anwendung erhielten. So begann allmählich das Clientengut ebenfalls mehr und mehr als Eigenthum zu gelten und sich vom Gentilgut zu sondern; der Rest des Gentilguts verlor ebenfalls den Charakter des Geschlechtsbesitzes und gewann allmählich den des persönlichen Besitzes.

Die Decemvirats-Gesetzgebung trat ein, als diese Verhältnisse in voller Auflösung waren und schuf an ihrer Stelle die allgemeine Gentilität, ein allgemeines Güter- und Erbrecht.

---

1) Vgl. das *decretum gentis Manliae* Cic. Phil. I, 13 und öfters, sowie ähnliche Gentilbeschlüsse.

II. Die Curien.

Wir haben nun dem auf der natürlichen Grundlage der Blutsgenossenschaft ruhenden Gentil-Institut gegenüber dasjenige künstliche Institut zu betrachten, welches eine Anzahl von *gentes* umfasste
und ihre gentilicischen Verhältnisse beaufsichtigte: die *curia*.
Die Etymologie des Namens kann nicht als sicher gelten. Vielleicht steht derselbe mit *cura, curare* in Beziehung und bedeutet die
Pflegschaft.[1]) Die Alten, welche diese Ableitung annahmen, miss-
verstanden doch den Sinn, wenn sie die Versorgung auf Opfer bezogen.[2]) Sie berücksichtigten eben nur, was von dem Institute in
späterer Zeit noch geblieben war, von seiner Bedeutung in der Zeit
seiner Blüte geben sie keine rechte Vorstellung. Vollkommen bezeichnend ist die auch niemals verkannte Analogie mit der attischen
φρατρία[3]), sowie die unzertrennliche Beziehung von *curia* und *gens*:
wir müssen eben als den wesentlichsten Zweck der Curien die Pflege
der *gentes* ansehen, welche sie umfassten.
Die Angehörigen der Curie heissen *curiales*.[4]) Es sind zunächst
die *gentiles* im strengen Sinne oder Mitglieder, sodann die *clientes*
oder Hörigen der zugezählten *gentes*. Man ist in neuerer Zeit wohl
geneigt gewesen anzunehmen, dass die Curien nur die Patricier umfasst hätten.[5]) Für die spätere Zeit wenigstens ist dies widerlegt
durch die Wahl eines plebejischen *curio maximus* im Jahre 209, der
natürlich Curienmitglied sein musste. Aber auch für die älteste Zeit
werden in der gesammten Tradition[6]) die Curien als die grossen
Abtheilungen bezeichnet, nach welchen Romulus die ganze freie Bevölkerung, Patricier und Nichtpatricier (sogenannte *plebs*), eintheilte.[7])
Auch was von den Festen der Curien berichtet wird, welche doch
das alte Wesen bewahren mussten, giebt sie als Feste der Masse

---

1) Andere erklären *curia* als *coviria* (Pott Etym. F. II, 493), oder von
curis — *quiris* (Göttling, Staatsv. p. 60).
2) Varro l. l. V, 32 p. 155.
3) Dies die stetige Uebersetzung des lateinischen Worts.
4) Paul. Diac. p. 49.
5) Allerdings sprechen sich die meisten neueren Gelehrten in der Frage,
ob auch die Clienten in den Curien waren, gar nicht klar aus, sondern
fragen nur, ob sie in den Curiat-Comitien stimmten.
6) Liv. XXVII, 8. Dion. II, 7, 47 u. s. w.
7) Dig. I, 2, 2.

zu erkennen. Denn die Worte *vulgus, quae sit sua curia, nescit*[1]) sprechen nicht von einer Menge, die keiner *curia* angehört, sondern von einer solchen, die sie nicht einmal weiss, beweisen also keineswegs eine Beschränkung des Instituts auf die vornehmen Familien, sondern Gleichgiltigkeit des Pöbels und eingerissene Unordnung.

Die Zahl der *gentes*, welche die *curia* bildeten, war beweglich und beliebig. Durch Aussterben und Ausscheiden konnte sie vermindert[2]), durch Aufnahmen vermehrt werden, was ebenfalls geschehen ist.[3]) Dies war möglich, weil durch die *curia* der Gentilstand, wie der Personalstand übersehbar und controlirbar war. Desshalb aber musste die Zahl der *curiae* eine bestimmte und im Principe unveränderliche sein.

Diese Normalzahl ist nun unzweifelhaft 10. Dass es in Rom 30 Curien gab, rührt nur daher, dass die römische Gemeinde nicht einfach geblieben, sondern dreistämmig geworden ist. Allerdings können wir nicht wissen, ob es jemals in Rom nur 10 Curien gegeben hat, denn die Einrichtung könnte zwar schon für eine eintheilige Gemeinde bestanden haben, sie könnte aber auch erst für die dreitheilige getroffen sein.

Bevor wir nun von der Einrichtung der Curien sprechen, scheint es zweckmässig die Fälle durchzugehen und zu prüfen, in denen sie functionirten. Wenn wir im Allgemeinen zu wiederholen haben, dass alle gentilicischen Angelegenheiten ihrer besonderen Fürsorge unterstanden, so ist dabei wohl festzuhalten, dass was unter die *patria potestas* und das *patrocinium* fiel, sich ihren Eingriffen ebenso entzog, wie es ja auch dem Staate Schranken setzte.

Zuerst gehört nun die Controle der patricischen Geburten hierher. Diese stand zweifellos den einzelnen Curien für die Angehörigen ihrer Geschlechter zu, wie sich dies aus der entsprechenden Thätigkeit der attischen Phratrien ergiebt. Allerdings wie die Phratrien Geburtsregister führten (φρατορικὸν γραμματεῖον)[4]), so konnte das Civilstandsgeschäft nicht gehandhabt werden in einer Zeit, wo die Schrift gar nicht oder doch nicht zu solchem Zwecke angewandt wurde. Darf man doch auch für die älteste Zeit der Bezirkstribus bis zur Einrichtung der Censur an der Existenz solcher Listen zweifeln.[5]) An ihre Stelle musste eine um so grössere Oeffentlichkeit, eine um so förmlichere Proclamation der betreffenden Acte treten. Hierbei trat der Phratrie ganz entsprechend die Curie mit ihren Organen ein, sowohl um den Thatbestand zu prüfen, als um ihn für immer zu bezeugen. Dass die eigenthümliche Organisation der

---

1) Ovid. Fast. II, 531.
2) Cf. p. 10.
3) Cf. p. 38 f.
4) Dem. 44, 41.
5) Vgl. über die Unglaubwürdigkeit der alten Censuszahlen Schwegler II, p. 682 ff.

patricischen *gens* die strengste Controle der legitimen Geburt nöthig machte, ist klar; wir werden nicht ohne Grund behaupten, dass, wieviel eifersüchtiger auch die Athener ihre Bürgerschaft gegen das Eindringen Fremder hüteten, als die späteren Römer ihre Civität, doch um soviel strenger auch die Controle gewesen sein wird, welche die Curien in alter Zeit der patricischen Echtbürtigkeit zuzuwenden hatten. So konnte die Curie allerdings das *jus vitae ac necis* des Vaters nicht beeinträchtigen, aber der Unterschiebung eines Unechten konnte sie mit scharfem Auge begegnen.[1])

Nicht ganz in derselben Weise gehört die Mündigkeitserklärung hierher, ebensowenig wie das *ληξιαρχικὸν γραμματεῖον* von den *φρά-τορες* geführt ward.[2]) Dieselbe ist mehr ein politischer als ein gentilicischer Akt, weil der Betheiligte in sein staatsbürgerliches Verhältniss eintrat. Doch wurde bei der Feststellung des *praenomen* sicher ebenso auf das Zeugniss der Curien recurrirt, wie in Athen bei der Eintragung in das *ληξιαρχικὸν γραμμ.* auf das *φρατορικόν*.

Dass die Curien auch die Todesfälle, soweit sie für die gentilicischen Angelegenheiten Folge hatten, beobachten mussten, kann nicht bezweifelt werden.[3])

Die Patricierehen gingen in doppelter Hinsicht die Curien an, insofern die rechtmässige Ehe Voraussetzung der rechtmässigen Geburt ist, und insofern die Manusehe den Austritt der Frau aus ihrer *gens* (*capitis deminutio minima*) und den Eintritt in eine andere zur Folge hatte. Da die Verheirathung auch zwischen Mitgliedern von *gentes* verschiedener Curien stattfinden konnte, so waren eine oder zwei Curien zunächst betheiligt, indem sie das *conubium* zu bezeugen hatten. Nicht undenkbar ist indess auch ein gewisser Antheil der Gesammtheit, weil das Curieninstitut die Pflege des Geschlechts und damit der Ehe zum wichtigsten Zwecke hatte, weil Juno die Schutzgöttin desselben ist, weil sogar der Staat selbst bei jeder Confarreationsehe durch den *flamen Dialis* vertreten war. Indess kann diese Betheiligung der Gesammtheit kaum eine andere als eine symbolische gewesen sein, und darauf mögen auch die 10 *testes* deuten[4]), welche der eigentlichen Normalzahl der Curien entsprechend zugegen sein mussten und vielleicht in älterer Zeit aus 10 verschiedenen Curien entnommen wurden.

Ausser dem im Wesen des römischen Geschlechterstaates tief begründeten Ausscheiden der heirathenden Frau aus ihrer *gens*[5])

---

1) Vgl. aus späterer Zeit das prätorische Edict bei Ulpian. Dig. XXV, 4, 10.

2) Es ward innerhalb des Demos von Demarchen geführt. Cf. Lycurg. Leocr. 18. s. Schömann, de comitiis Ath. p. 379.

3) Man beachte die Oeffentlichkeit und Solennität der Begräbnissfeierlichkeit; die Bedeutung der *imagines* bei derselben, die Hervorhebung der genealogischen Verhältnisse in den *laudationes*.

4) Vgl. Lange, R. A. I. p. 116 f. und andere.

5) Ulp. X, 13. (*cap. dem.*) *fit in manum conventione*.

lagen auch die übrigen Arten der *capitis deminutio* zum grossen Theil in den alten Verhältnissen schon gegeben (womit über die Existenz jener Rechtstheorie natürlich nichts gesagt ist). Der Austritt konnte erfolgen durch Mancipation seitens des Vaters[1]), durch Verbannung seitens der Staatsgewalt (d. h. des Königs), durch Gefangenschaft, durch Auswanderung.[2]) In allen diesen Fällen hatten die Curien zwar auf die Sache selbst keinen Einfluss, wohl aber die Verpflichtung den Fall zu beobachten schon wegen der möglichen Restitution. Denn diese ergab sich im Falle der wiedererlangten Freiheit des Mancipirten und Gefangenen von selbst und konnte im Fall der Rückberufung oder staatlich gestatteten Rückkehr erfolgen müssen. In jedem Falle war die Einsetzung in die *gens* und die angebornen *sacra* Sache der betreffenden Curie.

Der Eintritt in eine *gens* war, abgesehen von dem Falle der heirathenden Frau und der erwähnten Restitution in das angeborne Geschlecht, nicht möglich in einer Zeit, als es die später diesem Zwecke dienenden Mittel der Adoption und Arrogation noch nicht gab. Dass aber die Adoption im engeren Sinne jüngeren Ursprungs ist, ergiebt sich mit Nothwendigkeit aus der Existenz der Arrogation, deren Entstehung gar nicht denkbar wäre, wenn man die viel zweckmässigere Adoption schon gekannt hätte, ferner aus den Formen und Bräuchen, unter welchen sie später vorgenommen werden musste[3]), welche sich in keiner Weise als eigenthümlich patricisch charakterisiren, daraus endlich dass die Curien selbst bei dem Acte der blossen Adoption nicht betheiligt gewesen sind.

Die erwähnte *arrogatio* dagegen ward eine wichtige Angelegenheit der Curien. Sie ist die Annahme eines Mündigen an Kindesstatt[4]), und zwar so, dass er *nomen* und *praenomen* des Arrogirenden annimmt, also in dessen *gens* eintritt. Demnach dient sie neben der Vermögensübertragung zunächst der Erhaltung des Geschlechts des Arrogirenden, was später eben durch die Adoption privatrechtlich erreicht ward. Sie gilt als *capitis deminutio*[5]), weil der Familienstand des Arrogirten verändert wird, wesshalb mit ihr die *detestatio sacrorum* verbunden ist. (Dies ist die Hauptsache, nicht dass ein *homo sui juris* in die *patria potestas* kommt.) Eine solche musste stattfinden, weil der Arrogirende durch die *patria potestas* Macht über das Vermögen dessen erhielt, der *sui juris* war, und dadurch dessen Agnaten und Gentilen schädigen konnte. Nachdem der Adoptivvater gestorben war, trat der Arrogirte als Intestaterbe an seine

---

1) Gai. I, 162 *qui mancipio dantur.*
2) Cic. p. Balbo 12, 29 *sive exilio sive postliminio sive rejectione hujus civitatis.*
3) Vgl. Lange, R. A. I, p. 134.
4) Gell. V, 19 *arrogantur hi, qui cum sui iuris sunt in alienam sese potestatem tradunt eiusque rei ipsi auctores fiunt.*
5) Gai. I, 162 und IV, 38.

Stelle. Diese Umstände lassen folgende Schlüsse zu: 1. Der Arrogirende würde seine *gens* und das Erbrecht seiner Gentilen geschädigt
haben, wenn er noch einen Intestaterben hatte. Dies war nach den
Ansprüchen, welche das Gentilrecht in alter Zeit der Blutsgenossenschaft gab, nicht denkbar. Er musste also der letzte seiner *gens*
sein und keine Hoffnung auf Leibeserben haben. 2. Der Arrogirte
konnte nicht Gentilvater sein, oder er hätte ja auf seine Stellung
zu Gunsten eines andern seines Geschlechtes verzichtet, was nicht
denkbar ist. 3. Er durfte nicht Gentil-Erbsohn oder überhaupt Haussohn sein, weil er *sui juris* sein musste. 4. Er konnte also nur
Heredienbesitzer sein, wobei anzunehmen ist, dass er mit der *capitis
deminutio* zugleich auf sein *heredium* zu verzichten hatte.

Wenn also der Brauch der Arrogation schon der Blütezeit der
Gentilverfassung entstammt, so hatte man durch ihn ein Mittel das
Aussterben der *gentes* zu verhüten, indem der letzte seiner *gens* in
den Stand gesetzt war aus den Agnaten anderer Geschlechter, die
selbst eine Familie zu gründen nicht berechtigt waren, einen Erben
und Träger seines Namens sich zu wählen. Dass nun die Arrogation
noch einer Epoche angehört, in welcher die Gentilität noch staatsrecht-
liches Institut war, beweist unbestreitbar der Umstand, dass sie
arbitris pontificibus comitiis curiatis iussu populi geschah.[1]) Denn
jene Sache, welche nach späterer Auffassung durchaus privatrecht-
licher Natur war, erscheint hiernach ursprünglich als staatsrechtliche
Angelegenheit, muss in der Zeit ihres Entstehens als ein Vorgang
gegolten haben, welcher wegen seiner Wichtigkeit, wegen seiner
Abnormität den ganzen Staat und die Religion aufs innigste berührte.
Auf der andern Seite spricht sonst alles gegen das sehr hohe Alter
einer solchen Einrichtung, die einen künstlichen Ersatz der natürlichen Abstammung bezweckt und sich der Formen und Institute
des entwickelten Staates bedient. Vor allem ist nicht zu begreifen,
wie die patricischen Geschlechter, deren möglichst vollständige Erhaltung für den Bestand und die Blüte der Gentilverfassung Lebens-
frage war, in solcher Zahl aussterben konnten[2]), wenn man jenen
Weg es zu verhüten schon kannte, resp. wenn man ihn schon gefunden und geschaffen hatte, als es noch Zeit war. Desshalb erscheint die Arrogation relativ jüngeren Ursprungs und jener Zeit
angehörig, in welcher sich das gentilicische Gemeinwesen schon zu
zersetzen begann. Dass nun diese Angelegenheit die Curien anging,
ist selbstverständlich. Und zwar berührte sie zunächst, wie jede
andere Veränderung im Gentilstande, die betreffenden einzelnen Curien,
insofern diese von dem vorliegenden Sachverhalt Zeugniss ablegen
und Kenntniss nehmen mussten.

So sehen wir, dass sich in der ältesten Zeit die regelmässigen

---

1) Gell. V, 19; Tac. hist. I, 15.
2) Cf. p. 10.

Functionen der Curien im Wesentlichen erstrecken und beschränken auf die Pflege und Beaufsichtigung der natürlichen Vorgänge (der Ehen, Geburten, Todesfälle, daneben der ausnahmsweisen Fälle der Suspension oder Restitution angeborner Gentilität), wie sie das eigenthümliche Institut der *gens,* der in besonderer Weise geregelten Blutsgenossenschaft, mit sich brachte.

Eine gleiche Sorgfalt, wie den *gentes* und den *gentiles,* ward dem Clientenstande seitens der Curien natürlich nicht zugewandt; auch war das Institut wohl nicht geeignet eine · grössere Masse in diesem Sinne zu controliren, was wenigstens daraus geschlossen werden darf, dass diese Functionen später sogleich auf die Bezirkstribus übergingen. Freilich lag das Wohl und Wehe des Clienten wesentlich in der Hand des Patrons, resp. des Geschlechts, und das Patrocinium schloss in ebenso bestimmter Weise fremden Eingriff aus, als die väterliche Gewalt. Indess ist damit keineswegs gesagt, dass die Curien sich um die in ihnen befindliche Clientel nicht kümmerten. Nur waren es grossentheils weniger gentilicische, als politische (rein staatliche) Angelegenheiten, durch welche die Curie zu den Clienten in Beziehung stand. Der Antheil des Staates aber ergiebt sich genügend aus dem religiösen Schutz, den er gegen den Patron, durch den gesetzlichen, den er gegen jeden anderen gewährte.[1]) Und die betreffende Curie war es offenbar, die durch Kenntnissnahme von den Civilstandsverhältnissen auch der Clientel in allen bezüglichen Fällen dem Staate als Organ diente.[2])

Alles Gesagte betrifft einzelne Personen. Wir müssen nun auch noch diejenigen Fälle in Erwägung ziehen, in denen es sich um Austritt oder Eintritt eines ganzen Geschlechts handelt. Allerdings ist es sehr zweifelhaft, ob solche Vorkommnisse ursprünglich in der Tendenz und Berechnung des Patricierstaates lagen, da auf die natürliche Abstammung und Vererbung innerhalb des Gesammt-Patriciats nicht weniger ankam als auf die reine Erhaltung der einzelnen *gentes.* Indess sie sind eingetreten.

Der Austritt einer patricischen *gens* bedeutete in der Zeit der blühenden Gentilverfassung natürlich ihr Ausscheiden aus dem Staate. Von einem Falle, in welchem ein solcher Austritt erzwungen stattfand, haben wir bemerkenswerthe Nachricht. Wir hören[3]), dass durch eine *lex* des L. Brutus, die wir sowohl nach der Zeit als nach dem Inhalte für eine *lex curiata* ansehen müssen, bestimmt wurde, *ut omnes Tarquiniae gentis exules essent.* Also die Verbannung der Angehörigen der *gens,* nicht die Ausscheidung der *gens* wurde vom Volke beschlossen. Weil nun aber doch jener Beschluss praktisch diese Folge hatte, so wurden zwar die Güter des Collatinus ihm ausgeliefert, die Güter des Königs der Plebs überlassen, aber der

---

1) Vgl. p. 17.
2) Vgl. p. 44 und 57 f.
3) Liv. II, 2, 11.

Besitz der *gens*, der *ager Tarquinius*, ward dem Mars consecrirt, die auf demselben wachsende Frucht in die Tiber geworfen, um die Gottheit, welche über den Verlust eines geweihten Geschlechtes und seiner *sacra* erzürnt sein konnte, nicht zu eignem Vortheil zu berauben, sondern zu versöhnen. Aus diesen wie aus allen andern Umständen geht hervor, dass wir es mit einem ganz vereinzelt dastehenden, ganz abnormen Acte zu thun haben.

Der freiwilligen Auswanderung einer ganzen *gens* aus Rom stand wohl nichts im Wege, weil dieselbe damit ja auf den Schutz der römischen Götter verzichtete. Dagegen werden wir kaum glauben dürfen, zumal wenn wir die grosse Unzuverlässigkeit der Nachricht in Betracht ziehen, was von dem Uebergang patricischer Geschlechter z. B. der Minucii, Octavii zur *plebs* in Zeiten, in welchen auch die *plebs* innerhalb der Curien stand, berichtet wird.[1]) Denn wenn auch die *transitio* der Einzelnen nicht grosse Schwierigkeiten hatte[2]) (— und jenen Nachrichten könnte ja auch der Uebertritt Einzelner als Factum zu Grunde liegen —), weil in diesem Falle (durch *detestatio sacrorum*) die *sacra* selbst nicht geschädigt wurden, sondern den zurückbleibenden Gentilen oblagen, so würde dagegen der Uebertritt einer *gens*, oder seit dem Decemvirat des ganzen patricischen Theils einer *gens* die sacralen Verhältnisse völlig alterirt haben. Denn dass die römische Religiosität in der Fortführung der patricischen *sacra* durch die Gentilen, auch nachdem sie Plebejer geworden, keinen Skrupel gefunden haben sollte, ist undenkbar.

Sichere Nachrichten haben wir über Fälle des Eintritts in das Patriciat. Doch kann bei den Aufnahmen, welche durch Caesar und Augustus erfolgten, von einer Constitution neuer patricischer *gentes* nicht die Rede sein, insofern es seit dem Decemvirat patricische *gentes* überhaupt nicht mehr gab, sondern nur Patricier, resp. patricische Familien innerhalb der *gentes*. Darum heisst es von diesen Aufnahmen auch immer nur *in patricios allegere* etc.[3]), da es offenbar nur darauf ankam, einzelnen Männern für sich und ihre Nachkommen das Patriciat zu verleihen, da für gewisse politische, besonders priesterliche Functionen patricische Qualität noch immer Bedingung war. So gewannen diese Aufnahmen Aehnlichkeit mit den gleichzeitigen aussergewöhnlichen Completirungen des Senats, sodass gleichmässig die Ausdrücke *adlegere*, *adsciscere* angewandt werden[4]), wobei die genannten Machthaber als Subject genannt oder gedacht werden. Wie der Act vor sich ging, bleibt dabei immer fraglich. Ausdrücklich wird berichtet, dass es in dem einen Falle durch eine *lex Saenia* (ein *plebiscitum*), im andern durch eine *lex*

---

1) Liv. IV, 16 und Cic. Brut. 16, 62; Sueton. Aug. 2.
2) Solche hat indess der Uebertritt des P. Clodius doch immerhin gehabt.
3) Sueton. Ner. 1 u. s. w.
4) Sueton. Aug. 2. *allecta in senatum;* Tac. Ann. XI, 25 *in numerum patriciorum adscivit.*

Cassia geschah.[1]) Wenn trotzdem Caesar und Augustus als die eigentlichen Urheber erscheinen, so ist es wohl nothwendig anzunehmen, dass durch *lex plebiscitumve*, also *jussu populi* nur die Vollmacht gegeben wurde, dass dagegen der Akt selbst davon getrennt · zu denken ist. In welcher Eigenschaft und Form ihn jene Machthaber vornahmen, bleibt durchaus zweifelhaft; nur möchte das zu beachten sein, dass beide selbst Patricier waren. Uebrigens ist es ja sicher, dass man sich mit den alten gesetzlichen und sacralen Formen in einer Zeit, wo sie längst die Bedeutung verloren hatten, abfand, so gut es eben ging. Von einem wirklich ordnungsmässigen Wege für solche Acte kann seit der Auflösung der Gentilverfassung nicht mehr die Rede sein, wie wir denn auch, von den genannten Fällen abgesehen, seit der Aufnahme der *gens Claudia* ein sicheres Beispiel der Creirung neuer Patricier nicht kennen.[2]) Was nun die älteren Fälle anlangt, so leiden unsere Nachrichten an grosser Unklarheit, weil die Schriftsteller habituell Senat und Patriciat verwechseln und auch sonst Verhältnisse ihrer Zeit auf die frühere, ihnen dunkle übertragen. Am wichtigsten sind die Aufnahmen[3]), welche durch Tullus Hostilius und Tarquinius Priscus, sowie durch Brutus geschehen sein sollen, sowie die Aufnahme des claudischen Geschlechts. Die beste Nachricht haben wir bei Livius IV, 4, 7, wo es heisst: *nobilitatem istam vestram — plerique — non genere nec sanguine, sed per cooptationem in patres habetis aut ab regibus lecti aut post reges exactos iussu populi.* Hier ist die *lectio regis* und das *iussum populi* auf der einen Seite von der *cooptatio in patres* auf der andern Seite scharf geschieden und dadurch klar angezeigt, dass jener Act des Königs oder des Volks den Anstoss und die Autorisation gegeben hat, dass die Aufnahme selbst aber durch Cooptation erfolgt ist. Jene *lectio regis* ist nun zweifellos eine *lectio in senatum*, wie denn auch eine solche gleichzeitig von allen Schriftstellern angenommen wird.[4]) Nach dem Wortlaute aber bei Livius und in Anbetracht der Verhältnisse muss sie als vorangegangen, als der Anstoss gelten. Die Aufnahme von Nichtpatriciern in den Senat entsprach zweifellos nicht den angenommenen Staatsordnungen. Aber wer konnte den König hindern? Ein solcher Act übte aber einen gewaltigen Druck und musste dahin wirken, dass man den Riss in der Staatsordnung auszugleichen suchte, was nur durch Aufnahme der neuen Senatoren in das Patriciat, d. h. durch Constituirung neuer patricischer *gentes* geschehen konnte. Wer an dieser Annahme Anstoss findet und etwa annimmt, dass auch in der königlichen Zeit wie nachher die Sache *iussu populi,* also in Folge eines Staatsgesetzes

---

1) Tac. Ann. XI, 25.
2) Mommsen, R. F. p. 74.
3) Becker II, 1, 143.
4) Z. B. bei Dion. III, 41; Zonar. VII, 8. 9 und öfters.

vor sich gegangen sei, erwäge, was damit gewonnen ist. Auch dem *jussum populi*, dem Staatsgesetz, folgt noch die *cooptatio in patres*, die eigentliche Aufnahme, nach, woraus sich ergiebt, dass durch das Staatsgesetz selbst die Sache nicht geschah, noch geschehen konnte. Mag nun auch das Staatsgesetz mehr eine moralische Autorisation gewährt, die königliche *lectio* mehr einen tyrannischen Zwang geübt haben, es gilt im Grunde gleich: die Aufnahme erfolgte *per cooptationem in patres*. In dem technischen Begriffe der Cooptation liegt es nun, dass sie nur von denen geschehen kann, die das sind, was die neuaufgenommenen werden sollen; wie denn auch eine andere Stelle ausdrücklich bemerkt, dass diese Cooptation *a patribus* geschah.[1]) Also konnten neue patricische *gentes* nur von den vorhandenen patricischen *gentes*, resp. ihren Vertretern, cooptirt werden. Wie dies geschah, davon wissen wir nichts. Alles spricht aber dagegen, dass wir, um mich so auszudrücken, an einen verfassungsmässig vorgesehenen und regelmässigen Act denken dürfen. Denn es ist nicht glaublich, und wir wissen nichts davon, dass neben der *lex*, die regelmässig zustandegekommen (nach Befragung der Götter durch *patrum auctoritas* ratificirt ist), noch eine andere Instanz, also etwa der Beschluss der patricischen *gentes* angeordnet gewesen wäre; auch wissen wir nichts von einem Organismus, durch welchen die *gentes* als solche ihren Willen hätten äussern können. Dagegen lag es ja unzweifelhaft in der patricischen Anschauung und ist sonst mit Zähigkeit vertreten worden, dass selbst durch Staatsgesetz nicht alle Einrichtungen des patricischen Gemeinwesens beliebig geändert werden könnten, wenn gleich in vielen Fällen die Gewalt der Umstände auch dem hartnäckigsten Widerstande gegenüber solche Aenderungen erzwungen hat. Nun ist ja soviel klar, dass, wenn weder die staatlichen noch die priesterlichen Behörden Einspruch erhoben, wenn die Gesammtheit der patricischen *gentes* neue *gentes* als ihres gleichen und ihnen zugehörig anerkannten und gelten liessen, nichts weiter dagegen einzuwenden war. Aber immer blieb dann der Act eine einmalige und ausnahmsweise Massregel, als welche ihn auch die ganze Tradition und der Verlauf der Ereignisse charakterisirt; er war gewissermassen als Ursatzung, als constituirende Ausmachung anzusehen. Inwieweit bei demselben die Gesammtheit der Curien betheiligt war, ist nicht deutlich; wohl aber, dass die einzelnen Curien die ihnen neu zutretenden Geschlechter in gewissem Sinne, besonders in sacraler Hinsicht, aufzunehmen und zu constituiren hatten.

Eine Aufnahme in die Curien abgesehen von den patricischen *gentes* und dem Clientelverhältniss war offenbar durchaus abnorm und durchbrach zerstörend die alte Geschlechterverfassung. Trotzdem ist auch dieser Fall eingetreten, als die *plebs* in die Curien aufgenommen wurde. Dass dies später geschehen ist, ergiebt sich

---

1) Sueton. Tib. 1: *a patribus in patricios cooptata (gens Claudia)*.

aus dem oben erwähnten plebejischen *curio* und aus der Art der späteren Curienfeste.[1]) Wann und wie es aber geschehen, wird schwer auszumachen sein. Der denkbar frühste Zeitpunkt scheint mir derjenige zu sein, als die Bezirkstribus eingerichtet wurden[2]), der späteste die Zeit der Decemviralgesetzgebung. Im letzteren Falle wäre gleichzeitig mit der patricischen Gentilität die alte Bedeutung der Curien mit einem Schlage aufgehoben worden, was grosse Wahrscheinlichkeit hat. Im ersteren Falle hätten sie die alten Functionen in unvollkommener und verschiedenartiger Weise für die bereits in Auflösung begriffenen Geschlechter, für Clienten und Plebs, fortgeführt, was doch weniger glaublich ist, da diese Functionen in der Art, wie die neue Staatsordnung es verlangte, auf die Bezirkstribus übergegangen waren.

Wenn wir nun nach dem Gesagten festhalten müssen, dass weder eine Existenz innerhalb der Curien ohne Zugehörigkeit zu einem Geschlecht, noch die Aufnahme neuer Geschlechter im Wesen der alten Curienverfassung begründet und normal war, dass die Aufnahme in die Clientel Sache der Geschlechter resp. Patrone, dass der Eintritt in ein Geschlecht anders als durch Heirath oder Geburt (später auch durch Arrogation) nicht möglich war, so ergiebt sich daraus, dass als die erste und wesentliche Aufgabe der Curien nur gelten kann die standesamtliche Beaufsichtigung der Clienten, soweit es das Interesse des Staats und der Religion verlangte, und besonders die Pflege und Controle der *gentes* und zwar der natürlichen Vorgänge (Ehen, Geburten, Todesfälle, daneben ausnahmsweise Fälle der Suspension oder Restitution angeborner Gentilität und später der Arrogation), wie sie das eigenthümliche Institut der *gens,* der in besonderer Weise geregelten Blutsgenossenschaft, mit sich brachte.

Fragen wir nun, in welcher Weise und durch welchen Organismus diese Functionen geübt wurden, so ist es zunächst klar, dass die *comitia curiata* nicht hierher gehören. Denn wenn dieselben auch möglicher Weise (theilweise sicher) mit denjenigen Fällen befasst werden sind, welche wir oben als unregelmässig bezeichnet haben (wohin in gewissem Sinne auch schon die Arrogation gehört), so haben sie doch mit dem, was die eigentliche Aufgabe der Curien in den regelmässigen und unregelmässigen Fällen war, gar nichts zu thun. Ueberhaupt ist ja unsere Art, von Beschlüssen der Curien anstatt der Curiatcomitien zu sprechen, missbräuchlich oder wenigstens in der Sprachweise der Römer nicht begründet. Die Curiat-Comitien haben mit den Curien nicht mehr zu thun, als die Tribut-Comitien mit den Tribus, d. h. sie sind in erster Reihe und vor allem ein *comitiatus populi,* wobei erst in zweiter Reihe in Betracht kommt, dass der *populus curiatim* sich sondert und stimmt, wie in andern Fällen *centuriatim* oder *tributim.* Also sind die Curiat-Comitien nicht

---

1) Cf. p. 32.
2) Cf. p. 122.

bei den Curien zu besprechen, sondern da, wo von dem *populus* die
Rede ist.[1])
Es ist aber weiter zu beachten, dass wir überhaupt nicht regelmässige Functionen der Gesammtheit der Curien nachweisen konnten,
sondern dass immer nur die einzelnen Curien bei den betreffenden
Acten bethätigt erschienen; wesshalb wir auch zunächst nur berechtigt sind nach den Organen der einzelnen Curien zu fragen. Hier
ergiebt aber sodann die Art der Functionen, sowie die Zeit der
blühenden Institution, dass innerhalb der einzelnen Curie eine Versammlung bestanden haben muss. Denn wenn es galt die legitimen
Standesverhältnisse der Geschlechter zu bewachen und zu beaufsich-
tigen, so konnte dies in einer Zeit, in welcher die Schreibekunst
nicht bekannt war, resp. in solcher Weise nicht angewandt wurde,
nicht einzelnen Personen übertragen sein; sondern nur durch die
möglichste Oeffentlichkeit und zugleich durch die Actnahme glaub-
würdiger und fest bestimmter Personen konnte diesem Zwecke genügt
werden. Unsere Ueberlieferung berichtet nun allerdings allein von
Versammlungen der Curialen zum Zweck des Curienopfers und Opfer-
schmauses[2]), erhält also nur Nachricht von dem, was auch später
noch geblieben war. Aber auch in Athen haben bei Gelegenheit
des Schmauses der Phratoren die Einregistrirungen der Geburten
u. s. w. stattgefunden.[3]) So dürfte also jene Opferversammlung der
Curialen der Rest sein von jenen älteren bedeutungsvolleren Zu-
sammenkünften, in welchen die gentilicischen Angelegenheiten der Curie
verhandelt und geordnet wurden. Es bleibt nur die Frage, wer an
jenen Curienconventen der alten Zeit, die wir voraussetzen müssen,
als Mitglied Theil hatte. Zweifellos müssen wir die Clienten ausschliessen, da sie ja überhaupt nicht juristisch selbständig, z. B. ihren
Patronen gegenüber nicht zeugnissberechtigt waren. Auch ist es ja
gar nicht denkbar, dass in einer Institution, deren Aufgabe Pflege
der *gentes* (der Gentilität) ist, diejenigen active Rechte haben, welche
den *gentes* nicht als Mitglieder, sondern nur als Hörige zuzählen (welche Gentilität nicht besitzen). Aus ähnlichen Gründen werden wir
aber auch die Annahme abweisen müssen, dass diejenigen Patricier,
welche nicht *sui iuris* waren, in den Curien-Conventen Stimme gehabt haben könnten. Denn schon die *patria potestas* würde ebenfalls
in Dingen, welche das Interesse des *pater familias* mit betrafen, das
Stimmrecht seiner Haussöhne undenkbar erscheinen lassen. Auch
sind die Gegenstände, um die es sich hier wesentlich handelt, Ehen
und Geburten, gerade der Art, dass die Haussöhne, die selbst noch
des Ebeconsenses des Vaters bedürfen, unselbständig und incompetent
erscheinen. Wenn hiernach als Mitglieder dieser Convente allein

---

1) Cf. p. 59 ff.
2) Dion. II, 23.
3) Vgl. Schömann, Gr. A. I. p. 385.

diejenigen übrig bleiben, welche Patricier und *sui iuris* sind, so
scheint andrerseits eine weitere Einschränkung unberechtigt und die
Annahme, dass etwa nur die Gentilväter den Curienconvent gebildet hätten, ausgeschlossen. Denn einmal sind offenbar die Agnaten
(Heredienbesitzer) bei den gentilicischen Angelegenheiten ganz besonders interessirt, so dass eine Solidarität der Gentilhäupter ihnen
gegenüber im Interesse der Sache zu vermeiden war. Sodann aber
wissen wir ja auch von Versammlungen und Beschlüssen innerhalb
einer einzelnen *gens*[1]), wonach also dem Gentilvater oder *pater familias* innerhalb der *gens* andere Mitglieder derselben mitrathend zur
Seite stehen. Daraus lässt sich unzweifelhaft auch Platz und Stimme
im Curienconvente folgern. So würden wir bei dem Resultate stehen
bleiben müssen, dass die Curienangelegenheiten, wie wir sie oben bezeichnet haben, verwaltet wurden durch einen Convent innerhalb
jeder einzelnen Curie, welcher aus den *in sua potestate* befindlichen
Patriciern bestand.

Dies wird auch bestätigt durch die besondere Anwendung des
Wortes *curia*. Mit demselben wird nämlich auch das Versammlungs-
lokal der einzelnen Curie bezeichnet, ein Saal oder geschlossener
Raum.[2]) Jede Curie besass deren einen, und sie lagen (wenigstens
zu einer Zeit) alle zusammen.[3]) Daraus lässt sich zunächst einigermassen auf eine Mitgliederzahl der einzelnen Curien-Convente schliessen, die mit unsern obigen Annahmen stimmen würde. Aber weiter
liegt die Vermuthung nahe, dass diese Lokale als Berathungssäle
gegolten haben, weil sich so am einfachsten die Uebertragung des
Namens *curia* auf das Berathungslokal des Senates erklärt. Denn
mit dem Senate stellen sich offenbar die Curienconvente, wie wir sie
oben bezeichnet haben, in gewissem Sinne in die Reihe, nicht etwa mit
den Comitien, insofern nicht die blosse Mündigkeit und Waffenfähig-
keit, sondern die patricische Geburt und Rechtsselbständigkeit Sitz
in denselben verlieh, insofern sie in geschlossenen Räumen gehalten
wurden, die *templa* waren, insofern in ihnen zweifellos geredet und
berathen wurde.

Dem attischen Phratriarchen[4]) entsprechend muss auch die römische Curie einen Vorsteher gehabt haben, den wir in dem *curio*
erkennen müssen.[5]) Wenn die *curiones* in der späteren Zeit nur
Priester waren[6]), damals als von den Curien fast nichts weiter bestand, als ihre *sacra*, so war dies doch in der Blütezeit der Institution offenbar anders. Wenn wir auch nicht mehr im Stande sind,

---

1) Cf. p. 31, Anm. 1.
2) Dion. II, 23 ἑστιατόριον mit dem attischen πρυτανεῖον verglichen.
3) Cf. p. 49.
4) Dem. 57, 23 p. 1305.
5) Dion. II, 7.
6) Paul. p. 49 *sacerdotium curionatus.* Bei Liv. XXVII, 8 ist die Würde
des *curio maximus* auch nur *sacerdotium.*

die amtlichen Functionen des *curio* nach allen Seiten genau zu bezeichnen, so werden wir doch hier zunächst sagen dürfen, dass er
die Curienconvente berief und leitete, dass er ihnen in der Pflege
der bezeichneten gentilicischen Angelegenheiten vorstand, sodann dass
er überhaupt die Curie den übrigen Curien und dem Staate gegenüber vertrat.

· Es könnte nun noch die Frage entstehen, ob auch der Gesammtheit der Curienvertretungen oder der Curionen gewisse regelmässige
Functionen zugestanden haben. Man denkt vielleicht zunächst an
den *curio maximus*[1]); aber da derselbe doch immer nur einer von
den 30 Curionen ist, also ebenfalls Vorsteher einer einzelnen Curie
und nebenbei Vorsteher aller Curionen, nicht etwa der gesammten
Geschlechtsgenossenschaft, so werden wir ihm solche Bedeutung nicht
zuschreiben können, ja man muss zweifeln, ob diese Würde nicht
erst da entstanden ist, als von den Curien überhaupt fast nichts als
die Curionen übrig geblieben und diese auf die sacralen Befugnisse
beschränkt waren. Uebrigens haben wir oben Fälle, in denen
die Gesammtheit der Curien zu fungiren gehabt hätte, nicht gefunden, man müsste denn an die Aufnahme und Constituirung neuer
gentes innerhalb der Curien denken wollen, welche wir als durch
cooptatio in patres geschehen und als ganz abnorm bezeichnet haben.
Doch wenn etwa die in den Curienconventen stimmberechtigten Patricier mit jenen cooptirenden *patres* gemeint sind und diese nach
der Kopfzahl gestimmt haben, so würden es immer nicht die Curien
sein, die beschlossen haben; wenn umgekehrt die Curien den Beschluss gefasst, so würde wiederum der Ausdruck *a patribus* nicht
so bezeichnend sein, dass wir darauf sicheres bauen können. Dieser
Punkt ·muss daher auf sich beruhen.

Es scheint nicht, als ob das Gesagte im Wesentlichen Widerspruch finden könnte, auch weicht es ja von den Ansichten der
Neueren nicht ab. Indess es pflegt die Seite des Curieninstituts,
welche nach meiner Ansicht die charakteristische ist, weniger berücksichtigt zu werden im Vergleich zu der andern, welche bei aller
Wichtigkeit doch erst accidentiell hinzutritt. Allerdings haben die
Curien dem Staate nicht nur indirect gedient, indem sie die Gentil-
verhältnisse pflegten, sondern sie haben ihm noch direct gedient,
indem nach ihnen das Volk, d. h. die Masse der Regierten einge-
theilt und übersehbar war, und auf diese Weise das Regiment geübt
wurde.[2]) Einer Eintheilung des Volkes und des Landes bedurfte

---

1) Paul. Diac. p. 126. *max. curio, cuius auctoritate curiae omnesque
curiones reguntur.*

2) So wurde in ihnen z. B. die Aushebung (*legio*) bewerkstelligt, und
nach ihnen gegliedert zog das Heer ins Feld. Es ist unzweifelhaft, dass
die Curionen auch hierbei (nur dass sie vielleicht die Heeresabtheilungen
nicht befehligten, was freilich Dion. II, 7 annimmt, indem er sie φρατρίαρχοι καὶ λοχαγοί nennt) und in jeder Beziehung der Regierungsgewalt

es ja zum Zweck der Regierung, und hätten die Curien eine solche
nicht geboten, so hätte eine andere da sein müssen. Auch hätte
es sehr gut eine andere sein können, wie denn auch die Curien
ebenso wie die attischen Phratrien sich nicht lange in dieser Bedeutung erhalten haben und, weil wenig geeignet, durch andere politische Eintheilungen ersetzt worden sind. Aber die charakteristische
Eigenthümlichkeit der Curien geht über diesen Zweck hinaus[1]) und
erklärt sich nur aus ihrer Bedeutung für den Geschlechterverband.
Dass die Alten davon wenig berichten, ist nicht zu verwundern.
Denn wie ihnen bei den Curionen der ursprüngliche magistratuale
Charakter im Gegensatz zum späteren blos sacralen ganz dunkel
geworden ist, so haben sie auch bei den Curien die ursprüngliche
gentilicische Bedeutung gegenüber der etwas länger deutlich erhaltenen politischen ganz übersehen. Scheinen doch in den spärlichen
Angaben der Tradition die Curien überhaupt ganz fleischlos, um so
zu sagen, und als abstracte Theile. Und doch sind sie geschlossene
Körper gewesen, und ihre Gesammtheit ein organischer Verband von
ganz specifischer Bedeutung. Dies tritt am deutlichsten hervor in der
sacralen Weihe, welche dem Institute gegeben war, ein Gegenstand,
welcher nun noch einer besonderen Würdigung bedarf.

Wir haben schon wiederholt erwähnt, dass auch die einzelnen
gentes ihre sacra hatten, wie auch in späterer Zeit einzelne Familien
solche gründen konnten. Die *sacra* galten als *privata*[2]), wenngleich sie,
wie das ganze Religionswesen, unter staatlicher Aufsicht standen, die
durch die *pontifices* geübt wurde. Es kam übrigens vor, dass sie, im Falle
das Geschlecht ausstarb, auf den Staat übernommen wurden.[3]) Diese
Sorgfalt, mit der man solche *sacra* unvergänglich und unverändert
zu erhalten suchte[4]), hat den Sinn, dass man dadurch das Geschlecht

dienten und dass sie darum selbst eine gewisse magistratuale Gewalt gehabt haben müssen.

1) Daher tritt sie bisweilen auch da noch hervor, wo sie diesem Zwecke
nicht dient; wie z. B. bei den Curiat-Comitien. Die gegliederte Volksversammlung (daher *comitia*) ist recht römisch und andern Staaten, die doch
auch eine Geschlechter- und Stammeseintheilung haben, nicht bekannt.
Sie erklärt sich zunächst nur aus dem corporativen Charakter der römischen Curien, nicht etwa aus der Absicht die Abstimmung in bestimmter
Weise zu leiten. Denn auch zu den *comitia calata*, in welchen nicht gestimmt und beschlossen wurde, musste das Volk *curiatim* gerufen werden,
und auch in ihnen müssen die Körperschaften der Curien irgend wie markirt gewesen sein, da sie ebenfalls als *comitia curiata* gelten. — Wenn
wir ferner mit Recht angenommen haben, dass es Curienconvente gegeben
haben muss, so ist andrerseits nicht der geringste Grund zu der Annahme
vorhanden, dass diese Convente ausser der oben bezeichneten Aufgabe, den
Civilstand zu bewachen und zu bekunden, noch irgend welche selbständige
politische Functionen gehabt haben. Auch dieser Umstand würde die gentilicische Bedeutung der Curie als die vornehmste erweisen.

2) Fest. p. 245.
3) Liv. I, 7.
4) Vgl. Marq., R. A. IV, p. 145 ff.

oder wenigstens die Geschlechtergesammtheit, die in jedem Geschlecht mit interessirt ist, unvergänglich und ewig blühend erhalten zu können meinte. Die Besorgung der *sacra gentilicia* lag nun nach unserer Ansicht naturgemäss dem *pater*[1]) ob; er brachte die Opfer dar in der Weise, wie der Hausvater für sich und die Seinen zu opfern pflegt. Entsprechende *sacra* besassen nun auch die Curien; doch waren sie *publica*[2]) aus einem Grunde, der bald deutlich werden wird. Es ist schon erwähnt, dass der *curio* oder Curienvorsteher in späterer Zeit nur noch als Priester erscheint. Der Begriff des Priesters ist aber nicht so ohne weiteres klar und besonders schwer zu bestimmen für die Zeit des Königthums, als jene scharfe Scheidung zwischen Staatsamt und Priesterthum, welche mit Beginn der republikanischen Zeit erfolgte, noch nicht gemacht war. Wir müssen uns dies Verhältniss an der Würde des *rex* selbst verdeutlichen. Es ist unzweifelhaft, dass der römische König sacrale Functionen hatte, aber damit ist doch nicht gesagt, dass er ein Priester war, wie die *flamines*, *augures*, oder auch nur wie die *pontifices*. Seine Functionen bestanden darin, dass er erstens das ganze Sacralwesen leitete, die Priester bestellte und so weiter, welche Rechte später auf den *pontifex maximus* übergingen; zweitens aber, dass er für das ganze Volk opferte wie der Vater für seine Familie, wobei ihm die *regina* wie diesem die Hausfrau assistiren musste. Da nun jenes alte Opfer für das Volk als grosse Familie nur der König darbringen konnte, so musste der *rex* und die *regina* zum Dienste der Götter erhalten bleiben, auch als das politische Königthum beseitigt ward. Weil nun der *rex* nichts weiter mehr war, so wurde er nun freilich Priester und hiess fortan *rex sacrorum* und *sacerdos*. Offenbar ist das Verhältniss des *curio* zur *curia* dem Verhältniss des *rex* zur Gesammtheit (des *tribunus* zur *tribus*)[3]) ganz analog. Da auch die Curie *sacra* besass, wie die einzelnen *gentes* und wie das Volk, da gerade die Curie den gentilicischen Interessen, der Pflege der Geschlechter, besonders diente, so hatte der *curio* für die Curie zu opfern, wie der Geschlechtsvater für sein Geschlecht, der König für das Volk. Aber wie der Geschlechtsvater nicht Priester war, wie der König wenigstens nicht blos Priester war, so dürfte auch der *curio* anfangs wesentlich patriarchalisch-magistratuale Functionen gehabt haben, aus denen sich jene sacralen nur nebenbei von selbst ergaben. Als er freilich jenen magistratualen Charakter verlor, so wurde er wie der *rex sacrorum* zum blossen Priester. Klarer würden wir über diesen Punkt urtheilen, wenn sich in einem andern Gewissheit erlangen liesse, nämlich in der Frage, ob innerhalb jeder Curie noch

---

1) Cf. p. 23 f.
2) Fest. p. 245.
3) Auch den *tribuni celerum* scheinen gewisse sacrale Handlungen zugestanden zu haben, die sich und sie selbst erhalten haben, als sie nicht mehr Reiteranführer waren: sie galten dann auch als Priester. Vergleiche hierüber p. 105 ff.

ein specifischer Priester, ein *flamen curialis*, existirte. Wäre dies der Fall, so dürften wir wohl bei der Auffassung, dass, solange das Curieninstitut blühte, der *curio* im specifischen Sinne nicht Priester war, mehr betonen. Aber jene Frage ist nicht auszumachen. *Flamines curiales* nennt allein Paulus Diaconus.[1]) Dies würde sehr wenig ins Gewicht fallen, da mit diesem Ausdruck usuell oder abusiv die *curiones* bezeichnet sein könnten, wenn nicht diese Nachricht eine gewisse Stütze gewönne durch Dionysius[2]), welcher von 60 Personen spricht, welche, je zwei aus einer Curie genommen, die *sacra* der Curien besorgt hätten. Als Varros Nachricht möchte ich die Sache nicht unzweifelhaft nehmen, wie gewöhnlich geschieht, da Dionysius die Autorität Varros möglicherweise allein, oder wenigstens hauptsächlich dafür herbeizieht, dass Romulus dies alles eingeführt habe. Denn es gilt ihm zu zeigen, dass schon Romulus so viele Priester bestellt habe, welche Tendenz wohl zu beachten ist. Denkbar wäre nun immerhin die Bestallung eines specifischen Priesters neben dem *curio*, als dieser noch nicht eigentlich Priester war, aber wir können nur nicht recht sagen, welcher Art dieser Priester angehören sollte, denn der Begriff des *flamen* scheint mir nicht auf ihn zu passen. Der *flamen* ist nämlich Einzelpriester und an eine bestimmte Gottheit geknüpft. Hätten nun die Römer in griechischer Weise Heroencultus, hätte jede Curie eine besondere Schutzgottheit, so wären besondere *flamines* am Orte. Aber da in allen Curiensacellen die *Iuno Curitis* verehrt wurde[3]), so sind 30 *flamines* derselben oder gar ein Collegium derselben, was dem Begriffe überhaupt widerspricht, nicht denkbar. Auch wird die Zahl aller *flamines* überhaupt auf 15 angegeben.[4]) Desshalb wird die Nachricht des Paulus sehr zweifelhaft; es sind mit seinen *flamines* wahrscheinlich die *curiones* gemeint, die missbräuchlich so genannt werden. Dionysius dagegen kann die Diener der *curiones* (*lictores curiati* oder *curiones minores*) mitgezählt haben, wobei die Gleichstellung derselben mit den Curionen auch nicht viel verkehrter wäre, als wenn er *flamines curiales* und *curiones* gleichstellte.[5]) Desshalb ist es wohl am vorsichtigsten die *flamines curiales* ganz fallen zu lassen[6]) und an der sacralen Beimischung, welche in der königlichen Zeit gewisse Aemter, besonders Curionat und Königthum hatten, festzuhalten.

Was Dionysius[7]) weiter berichtet von der Theilnahme der Frauen der Curienpriester an gewissen sacralen Handlungen, sowie eigner, oder besonders bestimmter Kinder (*camilli*), kann doch wohl nicht

---

1) p. 64: *Curiales flamines curiarum sacerdotes.*
2) JI, 21.
3) Dion. II, 50.
4) Fest. p. 154; Varro l. l. VII, 45.
5) Vgl. dagegen, wie er selbst II, 65 *curiones* und *flamines* unterscheidet.
6) So auch Mommsen R. St.-R. I, p. 309. Anm. 5.
7) II, 22.

ganz aus der Luft gegriffen sein. Es würde auch durchaus zu dom Charakter des patriarchalischen Opfers passen, wie wir es bei dem Familienopfer, dem gentilicischen und auch beim königlichen Opfer gesehen haben. Freilich würde es auch wiederum stimmen zum Charakter des *flaminium*, denn auch dem *flamen Dialis* und andern stehen die *flaminica* und *camilli* zur Seite[1]), wie denn ja auch die Ehe des *flamen Dialis* zu jeder Zeit die römische Patricierehe in musterhaftester Gestalt repräsentirt hat. Aber gerade wegen solcher Analogie könnten auch die *curiones* später irrig und missbräuchlich *flamines* genannt worden sein.

Was den *curio maximus* anlangt, so lässt sich wohl kaum bezweifeln, dass diese Würde erst entstand, als sich das Curionenamt von den Curien oder wenigstens von lebendigen Abtheilungen des Volkes sonderte und reines Priesterthum wurde. Er wurde das Haupt des sich ausbildenden Collegiums der Curionen und Leiter der bleibenden Curiensacra.

Es werden ferner noch *curiones minores*[2]) erwähnt, und anderweitig die bekannten *lictores curiati* oder *curiatii*.[3]) Man wird geneigt sein beide für identisch zu halten. Dass die 30 *lictores* der Curien, die hinreichend bezeugt sind[4]), für alt gehalten werden müssen, wie alles was die Curien angeht, wird niemand bezweifeln. Nun ist aber der *lictor* überhaupt ursprünglich ein Attribut des *imperium*[5]), und die Lictoren des *flamen Dialis* ebenso wie die der Vestalinnen erst später *honoris causa* beigegeben. Dies ist ein neuer Beweis für die ursprünglich magistratuale Bedeutung des Curionenamts, denn den 30 Curionen müssen jene 30 Lictoren als Apparitoren gedient haben. Bei den sacralen Functionen ministrirten sie, wie der Lictor des *flamen Dialis*[6]) und selbst der Magistrate. Als aber die Curionen ihre politischen, resp. gentilicischen Functionen verloren, litt natürlich auch die Thätigkeit dieser Lictoren Einbusse, doch in einem Punkte behielten sie politische Bedeutung: sie repräsentirten nämlich die *comitia curiata*, als die abstimmende Menge in ihnen nicht mehr erschien, und jeder einzelne gab die Stimme seiner Curie ab. Was ursprünglich wohl auch ein Amt des *curio* war, nämlich die Stimmen der Curie zu überzählen und das Resultat durch Abgabe der Gesammtstimme zu verkünden, das fiel, als es blosse Form ward, seinem Diener zu, der eben als einziger Anwesender seiner Curie alles war. Sowohl als Assistent des *curio* wie als Stimmführer der *curia* konnte der Lictor wohl auch *curio* oder *curio minor* genannt werden (wie wenigstens die *scribae* der *pontifices* auch wohl *pontifices minores*

---

1) Serv. ad Aen. XI, 543; Paul. p. 93.
2) Gruter 305, 4.
3) Vgl. Mommsen, R. St.-R. I, p. 309.
4) Cic. de leg. agr. II, 12, 31.
5) Vgl. Mommsen a. a. O. p. 311.
6) Paul. p. 93.

heissen).[1]) So kann Dionysius Priester und Diener, *maiores* und *minores,* gleichgestellt und zusammengeworfen haben. Endlich kam aber, wie es scheint, diesen Lictoren auch noch die Function zu, die *comitia curiata* zu berufen. (In ältester Zeit mögen sie auch die Curienconvente eingeladen haben, wie ja auch der Senat eingeladen wurde.) Denn die *comitia calata* wurden als *curiata* durch den Lictor gerufen und zwar *curiatim*[2]); was später durch blosse Aufrufung der Namen geschehen sein wird. Wenn hierbei die Curienlictoren ihre Curien zu rufen hatten, so würde sich der Name *curio* als Bezeichnung für einen Ausrufer[3]) erklären.

Soviel von den Functionären der Curien. Die Lokale, in welchen sie ihre sacralen Acte vollzogen, wurden schon oben erwähnt. In jeder *curia*, d. h. dem Saale jeder Curie, befand sich eine *mensa* der *Iuno Curitis*[4]), auf welcher ihr vom *curio* geopfert wurde. Bei demselben hielten die Curialen den Opferschmaus.[5]) In älterer Zeit befand sich das Gebäude, in welchem alle Curien ihre Lokale hatten, *curiae veteres,* am palatinischen Hügel.[6]) Später wurden *curiae novae* am *compitum Fabricium* errichtet[7]), doch blieben vier Curien[8]), vielleicht diejenigen, derer Sitze in uralter Zeit wirklich daran stiessen[9]), im alten Gebäude. Man könnte zweifeln, ob auch in ältester Zeit die Curiengebäude zusammen lagen. Es hat nicht viel Wahrscheinlichkeit und war z. B. in Athen, wo jede Phratrie am besonderen Orte ihr Lokal hatte, anders. Auch wäre es sehr begreiflich, wenn erst, als die Curien sozusagen sich von den lebendigen Abtheilungen des Volkes lösten und eine sacrale Vereinigung bildeten, jene Zusammenlegung erfolgt wäre.

Die *sacra* der Curien waren *sacra publica.*[10]) Darin liegt ausgedrückt, was auch sonst klar ist, dass die *curiae* nicht in der Art Einzeln-Institute sind wie die *gentes,* welche einzeln entstehen und vergehen können, ohne dass die andern zunächst dabei tangirt sind, sondern dass die Curien nur als Mehrheit in bestimmter geschlossener Zahl gedacht werden. Desshalb hat nicht die einzelne Curie wie die einzelne Gens ihre eigenthümlichen *sacra,* ihre eigenthümlichen Einrichtungen, die sie bis zum gewissen Grade willkürlich gestalten kann, desshalb sind Curienacte, z. B. Beschlüsse des Curienrathes nicht denkbar, wie sie von

---

1) Liv. XXII, 57.
2) Gell. XXV, 27: *curiata per lictorem curiatim calari, id est convocari.*
3) Mart. praef. lib. II.
4) Dion. II, 50; Paul. p. 64.
5) Dion. II. 23.
6) Becker R. A. I, p. 114.
7) a. a. O. p. 100. A. 134.
8) Fest. p. 164.
9) Darauf könnten wenigstens die Namen Veliensis, Velitia, Foriensis deuten.
10) Fest. p. 245. *publica sacra, quae publico sumptu pro populo fiunt quaeque pro montibus pagis curiis sacellis.*

einzelnen Geschlechtern berichtet werden, sondern die Gesammtheit der
Curien ist von der Gesammtheit, d. h. vom Staate, in jeder Hinsicht
gleichartig gestaltet und verwaltet. Daher die gemeinsame Curiengott-
heit, die Bestellung der Curionen durch den Staat, die *sacra* auf Staats-
kosten. Daher ist die Annahme von irgend welchem Gemeingut der
einzelnen Curie ausgeschlossen: alle Objecte, welche dem Curienzwecke
dienten, waren ohne Zweifel *publica,* also Staatseigenthum.[1])
Die Bedeutung nun aller dieser sacralen Einrichtungen ist darin
zu suchen, dass sie dem Curieninstitute und durch dieses dem Institute der Gentilität ewigen unveränderlichen Bestand geben wollten.
Damit ist der Gedanke, dass die Curien wie die späteren Tribus und
die attischen Demen nur Volksabtheilungen und Landbezirke gewesen seien, ganz ausgeschlossen, denn deren Veränderung und Vermehrung hat niemals bedeutende Bedenken erregt. Die Curien wurden sacral, nicht nur weil man auf den Schutz der Götter hoffte,
denen man die ganze Institution anheimstellte, ja zu eigen erkannte,
sondern man wollte auch damit, dass man die Gottheit daran betheiligte, jede Veränderung durch menschliche Willkür abschneiden.
Religiöse Einrichtungen sind das festeste, das conservativste, was
man im Alterthum, was man in Rom kannte. Ueberall hat die
Berufung auf die Religion den letzten, den festesten Halt des Alten
gebildet; überall haben sacrale Einrichtungen den Neuerungen am
längsten widerstanden. So ist auch das Curieninstitut durch die
sacra lange unveränderlich bewahrt, und als es nicht länger haltbar war, da sind andere Institute zum Ersatz nebenbei entstanden,
während jenes selbst nicht abgeschafft, sondern gleichsam einge-
schlafen und als sacrale Einrichtung erhalten ist.
Diese Absicht unveränderlicher Dauerhaftigkeit, welche durch
die sacrale Weihe erreicht werden soll, liegt aber in der gesammten
Gentilverfassung, wenn wir dieselbe richtig begriffen haben, deutlich
und unverkennbar ausgesprochen. Alle Normen derselben zeigen
eine Einfachheit und Strenge der Idee, welche zugleich die Unver-
brüchlichkeit derselben ausdrückt. Das Ganze bleibt nur so lange
haltbar, als es ganz und unverletzt besteht. Sobald ein Nagel am
Bau sich löst, bricht er zusammen. Er ist theilweise auf natür-
licher Basis gebaut, theilweise auf solchen Satzungen, die als durch
die Natur gesetzt galten. Legitimität der Ehen und Geburten, Vorrecht der Erstgeburt, patriarchalisches Regiment als *patria potestas*
und *patronatus,* diese Gedanken wurden als naturgemäss angesehen.
Untheilbarkeit des Geschlechts und des Geschlechtsgutes waren nothwendige strenge Consequenz. So erkennen wir den energischen Willen
ein patriarchalisches Wesen zu erhalten, einen Willen, der diese
Energie besass und geltend machte, offenbar weil er die Sache als
von Natur und Gottheit gewollt auffasste und ansetzte.

---

1) Dion. II, 23 τὰς δαπάνας —, ἃς ἐχρῆν αὐταῖς ἐκ τοῦ δημοσίου δίδοσθαι.

III. Der Staat. Populus. Senatus. Rex.

Es fehlt ein alter, ursprünglicher römischer Ausdruck für den Begriff des Staates, wie πόλις im Griechischen diesen Begriff bezeichnet. Denn *respublica* ist nur ein abgeleitetes Wort, dabei auch im späteren Latein noch so wenig zu einem festen Terminus erstarrt, dass es den lockeren Charakter eines umschreibenden Ausdrucks im Sinne von „öffentlicher Angelegenheit“, „öffentlichem Interesse“ bewahrt; was eines besonderen Beweises nicht bedarf. Ausserdem hat aber in gewissen festen Wendungen jenes Wort noch einen engeren Begriff. Es lässt sich z. B. nicht verkennen, dass, wenn irgendwo, so in Rom der Staat auch das Sacralwesen ursprünglich umfasste. Auch als in späterer Zeit eine deutlichere Scheidung der sacralen Angelegenheiten von den politischen Angelegenheiten im engeren Sinne eintrat, da haben sich doch die Staatsbehörden, Magistrate und Senat, allerdings nicht der *populus*, stets mit den *res divinae*, den Sacralangelegenheiten, zu befassen gehabt. Wenn demnach im Senate zunächst *de rebus divinis*, sodann *de republica* berathen wurde, so hat in diesem Gegensatze offenbar letzterer Ausdruck einen engeren Sinn. Dies begreift sich aus ihm selbst. Denn es ist *res publica* gleich *res populi*. An dem Staat aber hatten auch die Götter Antheil, sowohl am Besitz, wie am Regiment. Der Antheil des *populus* konnte also in beiden Beziehungen nicht weiter gehen, als der menschliche Antheil ging, als der blosse menschliche Wille schalten konnte. So standen auch in späterer Zeit dem *populus* Eingriffe in sacrale Angelegenheiten formell niemals zu. Desshalb bildete sich vielleicht erst später, als das Religionswesen seine Bedeutung verlor, als der *populus* die volle Souveränetät mehr und mehr beanspruchte, in dem Worte *respublica* der volle Begriff aus, welchen wir mit dem Worte Staat verbinden. Wir haben aber nun im patricischen Staate zunächst den erwähnten Begriff des *populus* ins Auge zu fassen.

Populus wird etymologisch auf die Wurzel *ple* —, πλε˙ — (*sanscr. pur* —) zurückgeführt, von der auch *pleo, plebes* — πλέως, πολύς, vielleicht auch πόλις — *fulls, fol, folc* abstammen.[1]) Hiernach ist

---

1) Vgl. Corssen, Krit. Beitr. zur lat. Form. p. 319 u. 380; Curtius, Gr. Etym. p. 277f.; Vaniček, Etymol. Wörterb. d. lat. Spr. p. 90.

4*

unzweifelhaft der Begriff der Fülle und Menge in der Wurzel gegeben. Dem entspricht der Gebrauch des lateinischen *populus*, welches die Menschenmenge bedeutet, und auf sonstige Massen und wimmelnde Schaaren (*aërios populos, apum populi*)[1]) übertragen werden kann. Man vergleiche auch das Verbum *populari* (von dem sogleich in anderer Weise die Rede sein muss) und als besonders bezeichnend den Umstand, dass, während doch ursprünglich *plebes* dem geordneten *populus* gegenüber die ungeordnete Menge (τὸ πλῆθος) bezeichnet, dennoch als allgemeine Bezeichnung der grossen Masse und Menge schlechthin nicht dieses Wort (welches weiterhin nur den beschränkteren Sinn der niederen Menge erhielt), sondern das Wort *populus* sich stets behauptet hat.

Aber ausser dieser allgemeinsten Bedeutung hat das Wort *populus* im Lateinischen eine energische technische Anwendung erhalten. Wenn wir z. B. den Sprachgebrauch des Livius verfolgen, so stellt sich heraus, dass mit dem Begriff *populus* nur die einzelnen Völkerschaften der Latiner bezeichnet werden konnten[2]), nicht die Gesammtheit der Latiner (*nomen Latinum*), dass auch die Sabiner, Samniten u. s. w. im Ganzen nie so benannt werden, und dass selbst für die einzelnen Völkerschaften der letzteren, insofern sie der strafferen politischen Organisation entbehrten, diese Bezeichnung selten angewendet wird. Ganz richtig und genau sagt Cicero *de rep.* I, 25 *populus non omnis hominum coetus quoquo modo congregatus, sed coetus multitudinis iuris consensu et utilitatis communione sociatus* und Liv. I, 8 *multitudo, quae coalescere in populi unius corpus nulla re poterat.* So ist in der That der lateinische *populus* ein *corpus*. Ganz ähnlich verhält es sich mit dem griechischen πόλις, wodurch, wie ich glaube, auch die etymologische Zusammengehörigkeit beider Worte gestützt wird. Man vergleiche die πόλεις bei den Ioniern, Böotiern, Doriern, und andrerseits diejenigen Volksstämme, auf welche der Begriff πόλις nicht anwendbar ist (die κωμηδόν wohnten). So ist in der That, wenn wir davon absehen, dass der verschiedenen Bildung und dem verschiedenen Genus entsprechend das eine Wort die Siedelung der Menge, das andere die Menge der Ansiedler bezeichnet, das griechische πόλις dem lateinischen *populus* durch die Bedeutung eines Organismus unter allen Wörtern am meisten analog.

Wie streng nun der Begriff des organischen Ganzen im *populus Romanus* hervortritt, ist bekannt. Ueberall wo er activ wird (selbst in *comitiis calatis*), erscheint er gegliedert, in ältester Zeit *curiatim*, später auch *centuriatim* und noch später *tributim;* aber daneben bildet er stets eine geschlossene Einheit, die als eine Person beschliesst und gebietet.

1) Manil. 5, 363; Colum. 9, 13, 12.
2) Liv. II, 33, 4. Vgl. IV, 49, 3 *Bolanis, suae gentis (Aequorum) populo;* 56, 5 *utriusque gentis populos* u. s. w.

Weil nun aber das lateinische *populus* das Volk, die Menschenmenge bezeichnet, so kann es abweichend vom griechischen δῆμος
oder πόλις auch auf die wandernde Schaar angewandt werden. Denn
der δῆμος (das Heim) haftet am Boden, woher ἀποδημεῖν und ἐπιδη-
μεῖν, und πόλις ist eine feste Gründung, welche durch Auswanderung
aufgehoben wird (ἀνίσταται) und von neuem gegründet werden muss
(καθίσταται). Aber der *populus* hört nicht auf *populus* zu sein, wenn
er auch wandert.[1]) Demgemäss kann auch der *populus* selbst in
den Krieg ziehen oder so gedacht werden, während der δῆμος, die
πόλις, nur ein Heer in den Krieg senden kann. Es fragt sich nun
aber, ob nicht dem latinischen Begriff des *populus* aus der Wander-
zeit her der Begriff des Kriegsheeres ursprünglich anhaftet. Es ist
hierfür der alte Ausdruck *poplus pilumnus*[2]) angeführt worden, ebenso
hat man das Wort *populari* herbeigezogen. Denn dass dieses Verbum
von *populus* abgeleitet ist, hat man ohne Grund bezweifelt.[3]) Wie
„verheeren" von „Heer", so erklärt sich auch *populari* von *populus*
als das Ueberfluthen eines Landes durch eine Völkermasse, welche
nach altem Kriegsrecht „hauset", ohne Schwierigkeit. Aber freilich
ist damit immer nicht erwiesen, dass der Begriff des Heeres im
Worte *populus* selbst steckte, sondern nur, dass er leicht damit verbunden gedacht werden konnte. ·Und das ergiebt sich in der That
aus den römischen Staatseinrichtungen, dass der *populus* und das
Heer factisch in engster Beziehung zu einander standen. Ich will
mich hier nicht darauf berufen, dass eine Zeit lang der *exercitus*
wirklich der *populus* war und als solcher fungirte.[4]) Aber ich erinnere
daran, dass die römischen Heere fort und fort den Titel *impe-
rator* verleihen können, während doch das *imperium* zu übertragen
unzweifelhaft Sache des *populus* in seinen Curien ist; dass sogar
noch im zweiten punischen Kriege das spanische Heer, wenn auch
unter grosser Missbilligung des Senates, sich Functionen des *populus*
anmassen konnte.[5]) So hat im Lager vor Sutrium ein Consul ein
Gesetz rogirt[6]), welches Bestätigung erhalten hat, und zwar wurde
dieses nicht *centuriatim* beschlossen, sodass man etwa wieder an den
exercitus denken könnte, sondern nach den Tribus. Auch haben die
Pompejaner in Thessalonike, als sie gedachten Consulwahlen vorzunehmen, sich nicht an den ‚Ort gestossen, sondern nur daran, dass
die anwesenden Jahresconsuln keine *lex curiata* rogirt hatten und
desshalb Centuriatcomitien nicht halten konnten.[7]) Diese engste

---

1) Der *populus* der *Quirites* konnte daran denken nach Veji zu wan-
dern und wäre auch in diesem Falle ohne Zweifel der *populus* der *Quirites* geblieben.
2) Mommsen, R. G. I, p. 72.
3) Corssen, Kr. B. p. 458.
4) Vgl. Serv. Centurienverf. Gymn.-Progr. Sorau 1874. p. 21 ff.
5) Liv. XXV, 37 u. XXVI, 2.
6) Liv. VII, 16.
7) Dion. 41, 43.

Verbindung von Heer und *populus* tritt aber vor allem deutlich
hervor in der ältesten Zeit, damals als die Legion den Organismus
des *populus* noch vollständig wiedergab. Denn das älteste Heer ist
zwar nicht *populus*, sondern *legio*, d. h. Auslese[1]) aus dem *populus*,
aber es zerfällt nicht nur in 30 *centuriae*, die den 30 *curiae* entsprechen, sondern auch in 3 *tribus*, da nur so der Name *miles* als
Tausendgänger, nach der Zahl, die aus jeder Tribus ausgehoben
wurde, seine Erklärung findet.

Nachdem wir so den Begriff des *populus Romanus* geprüft und
in ihm die nach den Curien organisch gegliederte Volksmenge erkannt und seine nahe Beziehung zum Heer bezeichnet haben, treten
wir nun der wichtigen Frage näher, ob der *populus Romanus* nur
die Patricier oder ob er auch die nicht-patricischen Bewohner umfasste. Wir können dieser Frage aber beliebig auch diejenige Form
geben, in welcher sie gewöhnlich gestellt wird: hatten auch die
Clienten in den Curiat-Comitien Stimmrecht oder nicht?

Bekanntlich ist unserer Tradition der Gedanke, dass die Patricier allein den *populus* gebildet, allein in den Curien gestimmt
hätten, völlig fremd. Einmüthig stellt sie die Patricier als einen
Adel innerhalb der Bürgerschaft dar. Diese Ansicht wird nicht nur
von den Historikern und Cicero direct ausgesprochen, sie ist allgemeine Voraussetzung. Eines Nachweises bedarf es hier nicht. Die
oben gestellte Frage hat nicht existirt, bis neuere Gelehrte den
Begriff des *populus*, die Stellung und das Stimmrecht in den Curien
auf das Patriciat allein beschränkt und in einem so wichtigen Punkt
die Anschauung, welche, wie sie selbst anerkennen, in der Zeit
unserer Quellenschriftsteller allgemein gegolten hat, als irrthümlich
erklärt haben. Welche Gründe einen solchen Umsturz veranlasst
haben, werden wir später sehen, nachdem wir zunächst die Frage
selbst objectiv geprüft haben.

Der Begriff des *populus* führt uns, insofern er die Menge bezeichnet, auf die breiteste Grundlage. Wenn man auch anerkennen
muss, dass dieses Wort als fester Terminus einen staatsrechtlichen
Factor bezeichnet, so kann doch am allerwenigsten in ältester Zeit
dieser staatsrechtliche Factor so gestaltet gewesen sein, dass in
dieser Anwendung das Wort nicht die natürliche ursprüngliche Bedeutung der grossen Menge bewahrt. Es ist immer eine Benennung der Gesammtheit, nicht einer exceptionellen Classe wie selbst
plebs. Auch hat es durchaus nicht im Geiste des römischen Rechtes
gelegen, die Zugehörigkeit zum *populus*, oder nennen wir es die
Civität, als etwas sehr kostbares zu bewahren und zu verschliessen:
mehr noch schloss man sie nach aussen hin ab, obwohl man doch
selbst Unterworfenen die *civitas sine suffragio* gab[2]), aber im innern

---

1) Mommsen, R. G. I, p. 73.
2) Z. B. Liv. VlII, 17, 12.

ward sie dem Sklaven selbst durch blosse Freilassung oder wenigstens seinen Nachkommen zu Theil.[1]) Wie anders verhielt sich dies in anderen Verfassungsstaaten des Alterthums! Man könnte nun einwenden, dass jene *civitas* nicht das volle Bürgerrecht gewährte, wenn das *suffragium* fehlte. Aber wenn auch späterhin auf diese Weise zwischen dem *populus*, der beschliesst und regiert, und dem *populus*, der regiert wird, ein Unterschied bestand, so trifft diese Unterscheidung doch verhältnissmässig nur unwesentliche Bestandtheile. Für die älteste Zeit aber ist eine künstliche Unterscheidung zwischen einem verschiedenen regierten und regierenden *populus* am wenigsten vorauszusetzen, sondern anzunehmen, dass, was *populus* in dem einen Sinne war, auch im andern Sinne dafür galt.

Es können aber ferner Patriciat und Geschlechter mit dem *populus* in keiner Weise identisch sein, weil die Begriffe selbst offenbar in gegensätzlichem Verhältniss zu einander stehen. Dass man von einem *pater* abstammt, hervorzuheben, giebt nur einen Sinn, wenn dies etwas besonderes ist, wenn dies ein Vater ist, wie ihn die Masse nicht hat.[2]) Wie das griechische εὐπατρίδαι bezeichnet *patricii* eine durch die Geburt bevorzugte Classe, nicht aber wie *populus* die Menge schlechthin. Die besondere Hervorhebung der Gentilität als eines seltenen Vorzuges (hat sich doch auch später noch, als die Sache fast werthlos war, die Gentilität als ein formeller Vorzug erhalten), eine künstliche unter religiösen Schutz gestellte Verfassung, deren Zweck die Pflege jener Gentilität ist, geht über das Ziel eine Gesammtgemeinde vor Eindringlingen zu schützen weit hinaus, sie bezweckt die Wahrung aristokratischer Vorrechte. Geschlechter und Volk sind ein bleibender Gegensatz. Zwar verträgt sich die Eintheilung in Curien noch mit dem Begriff des *populus*, wenngleich auch sie insofern eine besondere Eigenthümlichkeit des römischen Staats ist, als diese Gliederung auch da noch auftritt, wo der *populus*, wo die Gesammtheit als solche fungirt, während sonst überall in den antiken Volksversammlungen die vorhandenen Stammunterschiede vermischt sind, das Volk als ungegliederte Masse auftritt. Aber die Gliederung der Geschlechter, welche jedem Indivi-

---

1) Becker II, 1 p. 96f.
2) Wenn berichtet wird (Liv. X, 8 u. Fest. p. 241), die *patricii* wären ursprünglich nichts gewesen als *ingenui* (man vgl. auch p. 29), so hat diese Angabe grosse Wahrscheinlichkeit, denn *ingenuus* ist ohne Zweifel ursprünglich derjenige, welcher *in gente natus* ist, also *gentilitas* besitzt. Desshalb ist aber das Patriciat ursprünglich nicht etwas geringeres gewesen als später, sondern die Ingenuität ist wie die Gentilität ursprünglich etwas bedeutenderes gewesen. Dass sich später Ingenuität und allgemeine Gentilität (wenn man diesen Ausdruck überhaupt brauchen darf, vgl. p. 1 u. 2) nicht mehr genau decken, ist kein Wunder, da die Gentilität (wenigstens als allgemeiner Vorzug) überhaupt ein veralteter Begriff war, während der Begriff der Ingenuität sich lebendig erhielt und seine weitere Entwicklung nahm.

duum in den Verzweigungen des Stammbaums seinen Platz anweist, verträgt sich nicht mit dem egalisirenden Prinzip, welches in der Volksversammlung zum Ausdruck kommt. Wo der *populus* erscheint, verschwinden die Sippen, ist selbst der gewaltige Unterschied zwischen Vater und Sohn verwischt.

Umgekehrt lässt aber auch der Begriff der römischen Clientel dem Gedanken nicht Raum, dass diese wichtige Classe der Bevölkerung ausserhalb des *populus Romanus* gestanden haben könnte, und ebenso würde die Annahme, dass die Clienten wohl in diesem Sinne (als eine Art Passivbürger), aber nicht im andern Sinne im *populus* einbegriffen gewesen seien, abgelehnt werden müssen. Dies geht aus der Wichtigkeit der Clientel wie aus der Menge der Clienten zweifellos hervor. Von der Sorge, welche der Staat selbst den Clienten zuwandte, indem er ihnen Rechtsschutz und religiösen Schutz gewährte, haben wir bereits oben[1]) gesprochen. Eine solche Sorgfalt ist auch aus dem eignen Interesse des Staates zu folgern, welcher, wie wir weiter sehen werden, der Clienten sich bediente und ihrer nicht entrathen konnte, welcher eine Vermehrung der Clientel wünschen musste, weil eine andere Vergrösserung der Einwohnerschaft durch die bestehenden Rechtsformen fast ausgeschlossen war.[2]) Was aber die Zahlenverhältnisse anlangt, so wollen wir von dem hier ganz absehen, was wir bei Besprechung der Gentilität über die Stärke des Patriciats gefunden haben, da unsere Ansicht von der *gens* als der unverzweigten Familie die Meinung, dass die *gentes* allein den *populus* gebildet hätten, schlechthin ausschliesst. Wir machen hier nur geltend, dass unsere Quellenschriftsteller doch von Umfang und Bedeutung der Clientel durch Tradition und aus eigner Anschauung noch einen gewissen, ungefähren Begriff gehabt haben müssen; nun hat aber jenes Institut an Bedeutung im Laufe der Zeit immer verloren, es hat, je weiter hinauf, desto grössere Wichtigkeit und Ausdehnung gehabt; dass die Clientel erst späterhin so bedeutend angewachsen wäre, ist nicht denkbar, denn was der Staat eroberte, wird er schwerlich den einzelnen Geschlechtern zu eigen gegeben haben; auch ist das eroberte Land *ager publicus* geblieben: also sind wir genöthigt von Anfang im Vergleich zur Stärke des Patriciats eine starke Clientel anzunehmen.[3]) Und daraus folgt von neuem, dass die Clienten nicht ausserhalb der Volksmenge, nicht ausserhalb des *populus Romanus* gestanden haben können, dass jener Begriff nothwendig einen so wichtigen Bestandtheil der römischen Bevölkerung eingeschlossen haben muss.

Sind wir so durch den Begriff der Volksmenge genöthigt, die Clienten dem *populus* zuzuzählen, so folgt dasselbe viel zwingender

---

1) p. 17 u. 37.
2) p. 35 f. u. 41 f.
3) Vgl. die Angaben bei Dion. VII, 18; Liv. III, 14; VI, 18; 47; 63.

aus dem nahen Verhältniss des *populus Romanus* zum Heer. Wir haben nicht nur zahlreiche directe Nachrichten, welche die Heerespflicht der Clienten bezeugen[1]), sondern in der ganzen Ueberlieferung ist dies klare Voraussetzung. Desshalb haben auch diejenigen Gelehrten, welche den Clienten das Bürgerrecht bestreiten, mehrentheils ihre Heerespflicht anerkannt, aber sie wollen sie als eine Vasallenpflicht[2]) gegen ihre Patrone auffassen. Man musste indess bedenken, dass die ganze uralte römische Heeresorganisation mit ihren geschlossenen Abtheilungen, mit ihren Millien, Centurien, Decurien[3]) eine solche Annahme verbietet. Wo das Aufgebot nur nach politischen Abtheilungen sich scheidet, und seine Stärke nach Jahrgängen beliebig bestimmt wird, da konnten jene Abtheilungen zur Erhöhung der Tiefe der Schlachtordnung durch Kriegsknechte verstärkt werden, wie in Sparta durch die Heloten, welche übrigens auch nicht als Vasallen einzelner in beliebiger Zahl, sondern als Staatssklaven in bestimmter Menge folgten und als solche direct dem Feldherrn zu gehorchen verbunden waren. Wo aber nicht die Curie in beliebig starkem Aufgebot, sondern aus jeder Curie eine Centurie ausrückte, da waren alle *milites,* abgesehen von ihrem besonderen bürgerlichen Verhältniss, als Soldaten dem Staate und Feldherrn gleich; das heisst, sie standen nicht nur unter der gleichen militärischen Disciplin, sondern sie gehorchten direct den bestellten militärischen Führern, Centurionen und Decurionen, und was noch wichtiger ist, weil sich daraus die directe Dienstpflicht gegen den Staat am klarsten ergiebt, auch die Aushebung muss direct ohne Vermittlung der Patrone stattgefunden haben, denn nicht nach Geschlechtern, deren Zahl eine unbestimmte war, sondern nur nach Curien oder gar wie in späterer Zeit nach Tribus in unmittelbarem Recurs auf die dienstpflichtigen Individuen konnten complete Centurien aufgestellt werden. So viel wir aber wissen, hat in Rom stets die allgemeine Dienstpflicht gegolten, so dass die persönliche Stellung als Hausvater oder Haussohn, als Patricier oder Plebejer (im späteren Sinne), als Besitzer oder Schuldgefangener[4]) keinen Unterschied machte, soweit ihn nicht die Heereseinrichtungen selbst schufen. Wenn aber nun auch die Clienten in diese allgemeine Dienstpflicht eingeschlossen waren, so bedarf es keines weiteren Beweises, dass sie auch eine Art Bürgerrecht hatten, dass wegen des engen Verhältnisses von Heer und *populus* letzterer auch sie umfasste. Nirgends tritt deutlicher als in Rom hervor, wie nur das Bürgerrecht die Stellung im Heere (*legio*) gewährte; nur aus der Dienstpflicht erklärt sich umgekehrt die ausserordentlich zeitige Grenze der rö-

---

1) Dion. VII, 19; X, 43 u. s. w.; IX, 15.
2) Becker II, 1, p. 129; Lange I, 247.
3) Vgl. p. 54 u. Serv. Centurienverf. Progr. Sorau 1874. p. 14 ff.
4) Liv. II, 24, 6.

mischen Mündigkeit und zwar (neben der Wucht der *patria potestas* anderseits) einer so vollkommenen Mündigkeit, dass sie von Hause aus und im Princip den Zugang zu allen, auch den höchsten Ehren . und Aemtern gewährte.[1]) Desshalb war es consequent und nothwendig von Seiten derer, welche den Clienten das Bürgerrecht absprachen, dass sie ihnen auch die Berechtigung und Verpflichtung zum Heerdienst aberkannten und die gesammte *legio* aus Patriciern bestehen liessen.[2]) Freilich führen uns da die Zahlen selbst zu unmöglichen Resultaten. Denn die einfache *legio* mit Einschluss der *celeres* setzte eine Stärke von mindestens 3500 Waffenfähigen voraus, also wenn diese alle Patricier sein sollen, im ältesten dreistämmigen Rom eine patricische Bevölkerung von mindestens 10000 Köpfen. Da diese Bevölkerung sich aber vermehrt, z. B. wenn wir Mommsen folgen[3]), durch Anschluss der Collinischen Römer sich etwa verdoppelt haben soll, da ferner die Ritterschaft nach der geringsten Angabe vor der servianischen Reform vervierfacht worden ist, und man sich nimmermehr begnügt haben kann, das Heer nur in der kostspieligsten Waffe zu vergrössern, so führt uns dies alles, wenn sich das Bürgerrecht und damit die Kriegspflicht allein auf die Patricier beschränkte, zur Annahme einer sehr grossen Stärke des Patriciats. Nehmen wir nun dazu eine Clientel an, wie sie nach dem ganzen Charakter und der Bedeutung des Instituts gewesen sein muss, und daneben eine ausserhalb des Clientelverhältnisses sich bildende starke *plebs*, so kommen wir zu Zahlen, neben welchen das servianische Heer, welches doch alles umfasste, trotz seiner 20000 Mann[4]) unbegreiflich klein erscheint. Jenen Zahlen wird es auf dem *ager Romanus* zu eng, sie entsprechen jenen ältesten Censuszahlen[5]), in welchen die gesammte Bürgerschaft nur ein Viertel von dem betragen haben soll, was sie zu Zeiten ausgab, als das römische Gebiet vielleicht den fünfzigfachen Flächeninhalt einnahm. Wenn aber nach allem, was wir oben gesehen haben, die Annahme eines starken Patriciats unmöglich ist, so folgt aus den Zahlen der römischen Heeresorganisation mit Gewissheit, dass die regelmässige allgemeine Dienstpflicht auch die Clienten traf, und damit weiter, dass auch die Clienten in gewissem Sinne Bürger, und als Angehörige im *populus Romanus* eingeschlossen waren.

Wir haben aber oben bemerkt, dass der *populus Romanus* auch ein gegliederter Organismus ist, und fragen daher nach der Stellung der Clienten zu seinen Theilen, den Curien. Bis zu einem gewissen Punkte ist diese Sache bereits im vorigen Abschnitte besprochen. Wir haben gesehen, dass die Clienten allerdings zu-

---

1) Mommsen, St.-R. I, p. 463.
2) Mommsen, R. G. I, p. 62 u. 72.
3) Daselbst I, p. 49.
4) Vgl. Serv. Centurienverf. p. 9 und sonst.
5) Vgl. Schwegler, R. G. II, p. 682 ff.

nächst nur durch das *patrocinium*, das heisst durch das Verhältniss zum Patron und zur *gens* einen Platz innerhalb der Curie
und damit auch innerhalb der Bürgerschaft, des *populus*, besitzen,
sodass, wenn jenes Verhältniss sich löste, was von Patron und
Clienten allein abhing, jegliche Stellung des Clienten in der Curie,
überhaupt im Gemeinwesen aufhörte. So lange aber das Patronatsverhältniss bestand, war dadurch für den Clienten eine Stellung in der Curie nicht ausgeschlossen, sondern vielmehr gegeben.
Dies bis zu einem gewissen Grade zuzugestehen, ist man vielleicht
auch auf keiner Seite abgeneigt; man wird jedesfalls nicht verkennen
können, dass der Staat die polizeiliche Aufsicht, die er doch über
die Clienten führen musste, allein durch die Curien führen konnte,
denen sie wenigstens durch ihre Patrone angehörten. Wir haben
aber nun weiter gefunden, dass die Clienten, wenn auch zunächst
nur durch die Stellung zum Patron vermittelt und an diese gebunden,
doch ebenfalls eine Stellung zum Staate durch die Heerespflicht,
eine Stellung im *populus* hatten. Damit stehen wir vor der Frage,
ob denn auch die Clienten, wenn der *populus* sich versammelte, in
seinen Abtheilungen, den Curien, anwesend waren, ob sie in den
Curiat-Comitien stimmten. Doch wir haben mit dieser Fragstellung
etwas vorgegriffen. Denn der *populus* ward ja nicht blos versam-
melt, um zu stimmen, sondern auch um blos zu hören. Auch zu
der *contio* wird der *populus* gerufen, und doch ist dieser Begriff so
weit, der Zutritt zur *contio* so frei[1]), dass man schwerlich leugnen
wird, dass er auch den Clienten freistand, zumal es immer Dinge
gab, welche die Staatsbehörde sie direct wissen lassen musste. Aber
auch *curiatim* wurde der *populus* gerufen, wo es nur zu hören galt,
nämlich zu dem *comitia calata*.[2]) Berücksichtigen wir einzelnes, was
hier vorgenommen ward, z. B. die Ankündigung der Kalendertage[3]),
auch die oben besprochenen Testamentificationen[4]), so können wir
nur sagen, dass die Anwesenheit der Clienten in solchen Fällen
natürlich, zum Theil selbstverständlich ist, dass jene Notificationen,
zu welchen doch der *populus* feierlich berufen ward, auch ihnen
gegolten haben müssen. Hatten sie aber in den einen Comitien
Platz, so gehörten sie doch wohl auch in die andern. Aber freilich
das Stimmrecht der Clienten in den Curiat-Comitien, das gleiche
Stimmrecht mit den Patriciern, erregt Anstoss, und dies ist ja offenbar derjenige Punkt, welcher einzig und allein veranlasst hat, dass
man den Clienten das Bürgerrecht absprach. Man sagt, dass wir
in den Quellen über das Stimmrecht der Clienten in den Curiat-
Comitien keine Andeutungen finden.[5]) Dies ist wohl richtig. Aber

1) Vgl. Mommsen, R. St. I, p. 149.
2) Vgl. Becker II, 1, p. 366.
3) Vgl. Becker a. a. O. Anm. 711 u. 712.
4) p. 13 f.
5) Becker II, 1 p. 375, A. 734.

man muss nur festhalten, dass nicht nur nach unserer Auffassung,
sondern auch nach der Ansicht derer, welche das Stimmrecht der
Clienten bestreiten, alle freien Nicht-Patricier in der ältesten Zeit
Clienten waren, und dass das Stimmrecht der Nicht-Patricier, welche
die Schriftsteller gewöhnlich Plebejer nennen, in der Tradition überall
angenommen und direct[1]) oder indirect ausgesprochen ist. Desshalb ist es zweifellos, dass man um dieses Stimmrechts der Clienten
willen die ganze Tradition umgestossen hat. Wie verhält es sich
nun aber mit diesem Stimmrecht? Wie stimmte man denn? Es ist
gezweifelt worden, ob nach *gentes*[2]) oder *viritim*.[3]) Erstere Ansicht
hat weder Grund noch Zweck; letztere Annahme, welche in der
Ueberlieferung[4]) eine bessere Stütze hat, giebt dem niedrigsten Mitgliede der stimmenden Curie soviel Stimmgewicht als dem vornehmsten, und hat desshalb die Meinung veranlasst, dass die Clienten
ausgeschlossen gewesen wären. Aber wird der Anstoss dadurch
viel geringer (wenn es einer ist), da nun ja immerhin der Haussohn mit dem Vater, in dessen *potestas* er ist, der 17jährige Knabe
mit dem greisen Senator gleiches Stimmrecht hat? Einen gewissen
demokratischen Charakter im Vergleich zu den Centuriat-Comitien
müssen wir ja bei diesen Comitien ihrer thatsächlichen Gestaltung
nach voraussetzen[5]), und praktisch wird sich die Sache wenig anders
gestaltet haben, ob nur die Familienhäupter ihre Angehörigen, oder
ob die Patrone die Clienten beeinflussten. Man sollte glauben, dass
gerade durch das Stimmrecht der Clienten die Curiat-Comitien zum
blossen Apparat in den Händen der *principes* geworden wären. Aber
steht denn die Sache mit der Viritim-Abstimmung, überhaupt mit
der Abstimmung so zweifellos und über alle Bedenken erhaben?
Die Alten freilich denken es sich so. Indess es war zu natürlich,
von den anderen Comitien und aus der späteren Zeit den Abstimmungsmodus auf die Curiat-Comitien der ältesten Zeit zu übertragen;
auch muss es dahingestellt bleiben, ob in späterer Zeit der *populus*
in den Curiat-Comitien wirklich *viritim* stimmte, ob unsere Schriftsteller diese Art der Abstimmung für diese Comitien überhaupt aus
eigner Anschauung kannten, da sie ja nur noch symbolisch durch
die 30 Lictoren vorgenommen wurde. Die beste Vorstellung von
Volksversammlungen der ältesten Zeit erhalten wir durch Homer.
Die ἀγορά wird berufen, wie die römische *contio*, zunächst um zu
hören, dann aber offenbar auch um für eine Meinung gewonnen zu
werden. Daraus folgt, dass sie aber auch in die Lage kam und

1) Vgl. Liv. I, 17, 9 u. 11 u. s. überall.
2) Niebuhr I, p. 350.
3) Becker II, 1, p. 373 f.
4) Liv. I, 43, 10 u. allgemeine Anschauung.
5) Dion. IV, 20 καὶ ἦσαν οἱ τὰ ἐλάχιστα κεκτημένοι τοῖς τὰς μεγίστας ἔχου-
σιν οὐσίας ἰσόψηφοι; Liv. I, 43 *non enim ut a Rom. trad. eadem vi eodemque
iure promiscue omnibus datum est* bei der Bildung der Centuriat-Comitien.

in die Lage kommen sollte, ihren Beifall kund zu geben. Dies geschah durch irgendwelche Acclamation; von anderer Meinungsäusse-
rung, von einer Abstimmung in der Volksversammlung ist bei Homer
noch nichts zu finden. Nach Sparta ist diese Art von Meinungs-
äusserung in der Volksversammlung, die βοά, in die entwickelte politische Periode hinübergetragen worden, ja man ist dabei stehen
geblieben. Sollten nicht auch in Athen und anderswo in der Zeit
der aristokratischen Herrschaft Versammlungen bestanden haben[1]),
in welchen man der Menge nicht eine deutlichere und nachdrück-
lichere Willensäusserung gewährte, als sie die blosse Acclamation
besitzt? Die spätere Cheirotonie ist doch von dieser Art der Meinungs-
erklärung nicht zu weit entfernt. Wenn nun auch in Rom der älteste
Abstimmungsmodus die Acclamation war? Man wird nicht leugnen
können, dass bei dieser Art der Abstimmung das Stimmrecht der
römischen Clienten nicht mehr Bedenken haben würde, als das der
attischen Demiurgen oder Theten. Die Eintheilung des *populus* in
30 Curien erschwert diese Annahme keineswegs. Bei Aufrufung der
30 Curien mochte der Zuruf 30 Mal erschallen. Dass eine erloste
Curie als *principium* zuerst gerufen wurde, gewinnt so den allerbesten
Sinn, da auf diesen ersten Zuruf alles angekommen sein wird, indem
der Eindruck, den er machte, die andern stark beeinflusst haben
mag. Ob die Stimme jeder einzelnen Curie durch Gutachten constatirt wurde, ob im zweifelhaften Falle eine Gegenprobe stattfand,
ob endlich eine Art Diribiren (*diribere* = *dishibere*) wie in Sparta
durch Auseinandertreten[2]) möglich war, ob die Curien-Stimmen wirklich gezählt und so das Gesammtresultat gefunden wurde, wozu die
gerade Zahl der Curien schlecht passt, — dies alles müssen wir dahingestellt sein lassen. Sicher ist es, dass alle Vorlagen, Wahlen und
Gesetze jeder Zeit in Rom den Comitien so zugingen, dass sie durch
einfaches ja oder nein beantwortet werden konnten.[3]) Auch verlangt
das Wort *rogare* (man vergl. nur damit das verschiedene ἐπιψηφί-
ζειν) am naturgemässesten eine gesprochene Antwort. Sollte aber
diese Annahme einer Abstimmung durch blosse Acclamation trotz
Spartas Analogie sehr befremden oder auf römische Verhältnisse nicht
zu passen scheinen, so frage ich wohl mit Recht, mit welchem Ausdruck denn die Römer die Abstimmung bezeichnet haben, wenn sie
ursprünglich einen schon ausgebildeteren Modus derselben besassen.
Der spätere Ausdruck, der hierher gehört, ist *suffragium* und *suffragari*.
Dieser Ausdruck, von den kunstlosen Stimmscherben hergenommen,
bezeichnet aber die Sache nicht im eigentlichen Sinne, sondern nur
übertragen, denn bis zu den *leges tabellariae* hat man in Rom nicht

---

1) Ebenso Schömann, Gr. A. I, p. 339.
2) Thuc. I, 87.
3) Für die Wahlen ist eine entsprechende Annahme, was die älteste
Zeit anlangt, aus guten Gründen zulässig. Cf. Cic. de or. II, 64, 260.

durch Stimmsteine gestimmt, sondern öffentlich und mündlich, und
seit jenen Gesetzen hiessen die Stimmtafeln *tabellae*. Ueberhaupt
hat, wie es scheint, das Wort *suffragium* im eigentlichen Sinne im
alten Rom nicht seine Heimath; es ist vermuthlich Uebersetzung
von ὄστραχον und documentirt sich damit als jüngeren Ursprungs.
Dass seine Anwendung so alt ist, als die Centuriat-Comitien, ergiebt
sich aus dem alten Namen der *VI suffragia*.[1]) Aber mit diesen
Comitien zugleich könnte auch die Neuerung der Viritim-Abstimmung
innerhalb der Centurie nach Rom gekommen sein. Ob gleichzeitig
die Viritim-Abstimmung auf die Curiat-Comitien übertragen worden
ist, bleibt mir zweifelhaft. Sichere Beweise dafür, dass jemals die
Stimmen in den einzelnen Curien gezählt wurden, haben wir nicht.
Dass die einzelne Curie später durch einen einzelnen Mann niederen
Standes, den *lictor*, repräsentirt werden konnte, dass nicht mehrere
dieselbe vertraten, sodass der Akt des Abstimmens *ad usurpationem
vetustatis*[2]) imitirt werden konnte, dürfte dagegen sprechen. Sind
nun alle diese Gründe für die Annahme, dass in ältester Zeit in
den Curiat-Comitien nur durch Acclamation gestimmt worden sei,
auch nicht zwingend, so wird sich doch auch nicht viel dagegen
einwenden lassen. Jedesfalls ist aber diese Hypothese viel leichter
und weniger· bedenklich, als das radikale Mittel, gegenüber der gesammten Tradition wegen der Viritim-Abstimmung alle Nicht-Patricier
aus den Curiat-Comitien verweisen, den *populus* auf die Patricier
allein beschränken zu wollen.

Die sonstigen Gründe hierfür laufen alle nur auf den Beweis
hinaus, dass die *plebs* zu dem *populus* der Curien nicht gehört, in
den Curiat-Comitien nicht gestimmt habe. Dies scheint mir nun allerdings für die Zeit des Königthums, ja für die Zeit bis zum Decemvirat erwiesen, soweit es die wirkliche *plebs* angeht, das heisst die
unter dem Königthum entstandene unorganische Nebenbevölkerung,
welche später die plebejischen Tribut-Comitien bildete.[3]) Aber auf
die Clienten, welche die Tradition auch als *plebs* zu bezeichnen pflegt,
weil sie später in die eigentliche *plebs* aufgingen, hat diese Beweis-
führung gar keinen Bezug und geht uns desshalb hier gar nicht an.
Ihre Stellung im *populus* und in den Curien ist allein aus den oben
angeregten Bedenken bestritten, welche sich gegen ihr Stimmrecht
richten. Diese Bedenken verlieren aber bei dem von uns angenommenen Abstimmungsmodus gar sehr an Gewicht. Sie müssen ganz
schwinden, wenn wir nun weiter fragen, welche Rechte und Funktionen
dem *populus Romanus* in seinen Curiat-Comitien ehedem zustanden.
Wir wollen der Aufzählung bei Dionysius[4]) folgen, nach welchem

---

1) Vgl. Serv. Centurienverf. p. 3 und p. 20.
2) Cic. de leg. agr. II, 12, 31.
3) Vgl. Schwegler II, p. 103 u. Anm. 3.
4) II, 14.

es der Volksversammlung zustand Wahlen vorzunehmen, Gesetze zu
beschliessen und über den Krieg zu entscheiden.

Was zunächst die Wahlen anlangt, so ist es jetzt nicht mehr
zweifelhaft, dass in der Zeit des Königthums einzig und allein der
König durch das Volk gewählt wurde. Aber auch diese Wahl kann
nicht als ein regelmässiger Akt, sondern sie muss als ein Ausnahme-
akt angesehen werden. Denn das alte Rom war ebenso wenig schlechthin ein Wahlkönigthum, als schlechthin ein erbliches Königthum,
was unten[1]) näher ausgeführt werden muss. Wenn es regelmässig
zuging, so war der Erbe der Würde bestimmt, und es hatte eine
Wahl nicht statt. Wenn aber durch einen Zufall der Nachfolger
nicht bestimmt war, so trat ein Nothstand ein, und in diesem Falle
stand dem *populus* die Wahl des neuen Königs zu. Aber in jedem
Falle bedurfte es noch der besonderen Anerkennung des neuen Herr-
schers seitens des Volkes (*lex curiata de imperio*).[2]) Dieser eigenthümliche Umstand, dass der *populus* den von ihm selbst *curiatim*
eben gewählten König noch einmal *curiatim* als Herrscher anerkannte,
ferner der Umstand, dass dieser Brauch der Anerkennung durch die *lex
curiata de imperio* nach erfolgter Wahl, trotzdem er zu einer nichtigen
Form herabsank, zu allen Zeiten beibehalten wurde[3]), dass er offenbar
sacrale Bedeutung hatte[4]) und ganz unumgänglich erschien, spricht
schon dafür, dass die Wahl des Königs selbst nicht ein regelmässiger
Akt war, der bei jeder Thronerledigung stattfand, sondern ein Aus-
nahmeakt im Nothfalle.

Aber es hat im Allgemeinen mit den römischen Wahlen auch in
späterer Zeit eine eigenthümliche Bewandtniss. Zunächst handelt es sich
streng genommen ja nie um ein freies Wählen und Finden beliebiger
Personen, sondern nur um Annahme oder Ablehnung vorgeschlagener
Personen. Sodann fehlt ein Proprium, welches das Wählen des Volkes
bezeichnet, denn *creare*, eigentlich machen, wird im strengen Sinne
vom vorsitzenden Magistrate gebraucht und auch auf nicht gewählte
Beamte angewandt.[5]) Ausserordentliche Beamte, welche nach unserer
Weise zu sprechen gewählt wurden, erhielten in Rom ihr Commando
durch eine *lex*, welche zugleich die Competenz und die Person bestimmte.[6]) Bei den ordentlichen Beamten war die Competenz bestimmt, also nur die Person zu nennen. Daher war der Ausdruck
lex nicht wohl anwendbar, aber das Verbum *iubere*[7]) (*regem, con-*

---

1) p. 76 ff.
2) Cic. de rep. II, 13.
3) Cic. de leg. II, 11.
4) Cic. de leg. agr. II, 11, 27. *tantum auspiciorum causa remanserunt.
— comitiis curiatis, quae vos non initis —*.
5) *creare collegam* Liv. II, 33, *dictatorem* II, 18, *magistrum equitum*
ebenda, *(interregem* V, 31, 8, nur passivisch u. vom ersten).
6) Vgl. „Die Tribut-Comitien". Abhandlung im Philologus XXXVI
Bd. I, p. 108.
7) Liv. I, 22 u. sonst.

sulem esse iubere), welches bei *leges* das *proprium* ist scheint auch hier das ursprünglichste zu sein. Alle Beamten (ausser den plebejischen) erhielten überdies durch die *lex de imperio* ihre Competenzen noch bestätigt.[1]) So folgern wir, dass in Rom fast alle Wahlen etwas dem Gesetze, der *lex*, ähnliches haben, und weiter, dass wie man erst allmählich mehr und mehr Magistrate zu wählen begann, wie Priester niemals oder nur in Comitien, die nicht wirkliche Comitien sein wollen[2]), gewählt wurden, wie auch die Königswahl als Ausnahme und Nothmittel erschien, so die Wahlen des Volkes überhaupt in der ältesten Staatsidee nicht lagen, sondern erst allmählich aufgekommen sind.

Anders dürfte es sich mit dem Begriff der *lex* verhalten. Dieser Begriff ist von dem des *populus* selbst insoweit untrennbar, als er ihm ausschliesslich zusteht. Die Etymologie des Wortes steht nicht fest.[3]) Für seine Bedeutung aber ist zu bemerken, dass es nicht das Gesetz ist, welches das Volk macht (wie νόμον τιθέναι), sondern dass darunter schon die Vorlage, die Bill, verstanden wird, die ans Volk gebracht wird, daher *legem ferre ad populum, legem rogare, promulgare*. Dazu passt ganz der Terminus *iubere* = *ius* oder *iustum habere*[4]), welcher die Annahme der Vorlage, ihre Erklärung für menschliches Recht bedeutet.

Von Gesetzen aus der Königszeit haben wir nur über die erwähnte *lex de imperio* sichere Nachricht.[5]) Als das Eigenthümliche dieses Gesetzes ergiebt sich, dass es nichts neues schafft, sondern nur vorhandenes Recht zusammenfasst. Dies erhellt für die republikanische Zeit daraus, dass seine Rogation in Schein-Comitien geschah und nur noch eine Formalität war, für die Königszeit daraus, dass es selbst erst die Macht faktisch verlieh, also in einem für eine Neuerung ungünstigen Moment gegeben ward. Es formulirte nur die Bedingungen, unter welchen der König, resp. die Magistrate zu gebieten, das Volk zu gehorchen hatten, das heisst es fasste die Staatsordnungen zusammen, welche dem *imperium* unantastbar waren, innerhalb deren es sich aber frei bewegte. In republikanischer Zeit ward es alljährlich[6]) gleich nach dem Amtsantritt der neuen Magistrate[7]) von dem ersten derselben (*consul maior*, resp. *praetor maximus*) für alle, die am *imperium* theilhaben, gemeinsam rogirt[8]); dagegen

---

1) Vgl. Philologus XXXVI, Bd. I, p. 105.
2) Vgl. Philologus a. a. O. p. 107.
3) Curtius, Gr. Et. p. 367.
4) Corssen, Kr. B. p. 421. Beachte die Constr. des Wortes mit dem *acc. c. inf.*, welche auf etwas schon daseiendes anzuerkennendes hindeutet, (Dion. II, 14 ἐπικυροῦν).
5) Bes. Cic. de rep. II, 13. 17. 18. 20. 21.
6) Daher das Verb. *legem curiatam repetere* Tac. ann. XI, 22.
7) Vgl. Mommsen, R. St. I, p. 50ff. Rubino p. 393. Gell. XIII, 15.
8) Tac. ann. XI, 22. *quaestores regibus etiam tum imperantibus instituti sunt, quod lex curiata ostendit ab Bruto repetita.*

musste bei Einsetzung ausserordentlicher Magistrate, welche das *im-perium* der übrigen modificirten, sei es eines Dictators[1]) oder eines anderen ausserordentlichen Beamten *cum imperio,* sowie auch beim Amtsantritt der Censoren, von diesen selbst für sich die *lex* rogirt werden. Der König rogirte dies Gesetz nach dem Amtsantritt für seine ganze Regierungszeit.

Von sonstigen Gesetzen haben wir sehr ungenügende Nach-richten. Die sogenannten *leges regiae* sind in das Reich der Fabel gewiesen, sodass uns sichere Kunde von bestimmten Gesetzen aus der Königszeit. überhaupt nicht erhalten ist. Wenn wir aber erwägen, dass staats- und privatrechtliche Einrichtungen mit den sacralen Einrichtungen der ältesten Zeit untrennbar vereint sind, dass z. B. die gesammte Familien-, Gentil- und Curienverfassung als auf natür-lichem und göttlichem Recht beruhend für unantastbar galt, während wiederum andrerseits innerhalb der Schranken der bestehenden Ver-fassung das *imperium* völlig unumschränkt war, so sehen wir, dass für eine regelmässige Legislation gar kein Platz bleibt. Nur wo es Aenderungen der bestehenden Verfassung galt, da bedurfte es menschlicherseits der Einwilligung des *populus.* Aber da alle Ein-richtungen als sacral und desshalb unveränderlich galten, so mussten etwaige Aenderungen durch das Volk, wenn die Götter darein willigten, immerhin als ausserordentliche und unregelmässige Acte gelten, durch welche die Staatsordnung umgestossen und neu constituirt ward. Hier-von klingt auch in späterer Zeit noch vieles nach. Niemals hat es in Rom eine regelmässige Volksregierung gegeben, wozu schon die regelmässigen Volksversammlungen fehlten. Alle *leges* und *plebiscita* sind Neuerungen, welche die bestehende Constitution, nach welcher der Staat regiert und verwaltet wird, umgestalten. Sie sind *novae res (novellae),* wie denn auch bei der Abstimmung das ablehnende Votum durch das Wort *antiquo* gegeben wurde. Nach unserer Weise zu reden, müssten wir sie als constituirende Gesetze bezeichnen; unsere regelmässige Gesetzgebung wird durch Senatsconsulte und Edicte ersetzt. Stand es so noch zu einer Zeit, als die Volksgewalt alle Schranken niedergeworfen hatte, um wieviel mehr mussten alle Gesetze als Ausnahmeacte gelten zu jener Zeit, wo das Sacralrecht alles beherrschte und bewachte. Allerdings ist der Patricierstaat selbst einmal constituirt worden. Aber wer möchte behaupten, dass die Gründung nach denjenigen Rechtsnormen geschah, welche später galten? Sie lag im Dunkel und war mit einem religiösen Schleier um-hüllt. Nun aber sollte die einmal von den Göttern gutgeheissene Staatsordnung ewig und unveränderlich bestehen. Dies lehrt auch die *lex de imperio* selbst, das einzige regelmässige Gesetz. Denn sie allein neuert nichts, sondern fasst das gesammte bestehende Recht zusammen, um Magistrat und Volk zu verpflichten, nach Massgabe desselben zu gebieten und zu gehorchen. Dazu stehen aber alle sonstigen *leges* in Gegensatz, indem sie neues schaffen und an der bestehenden Staatsordnung ändern. Wenn demnach so verschiedene Dinge, wie die *lex de imperio,* die nach unserer Anschauung kein Gesetz ist, sondern Vereidigung und Huldigung vertritt[1]), und alle übrigen *leges* bei den Römern mit demselben Ausdruck bezeichnet werden und unter einen gemeinsamen Begriff fallen, wenn ferner die *lex de imperio* allein regelmässiges und sicher uraltes Gesetz ist, alle übrigen *leges* als Ausnahmeacte erscheinen, so drängt sich die Annahme auf, dass auf Grund und nach Analogie der *lex de imperio* sich die übrige Legislation erst gebildet hat. Hatte nämlich der *populus* das Recht die bestehende Staatsordnung einem neuen Könige gegenüber jedesmal von neuem anzuerkennen, so konnte daraus auch seine Berechtigung abgeleitet werden, neues, unverändertes Recht anzuerkennen (*iubere* = *ius habere*), wenn es der Götter wegen ging, resp. diese es gestatteten (wenn es *fas* war). Davon hing es eben freilich ab, und weil die ganze Staatseinrichtung den Göttern geweiht und von ihnen gutgeheissen war, weil sacrale Dinge im Principe unveränderlich sind, und es mit der Erfragung des wirklichen Götterwillens immer eine bedenkliche Sache bleibt, so musste in ältester Zeit jede Aenderung, d. h. jede *lex populi* (von der *lex de imperio* abgesehen) als etwas unregelmässiges erscheinen. Erst allmählich und je mehr und mehr die sacralen Schranken ihre Kraft verloren, konnte sich eine freiere Legislation, eine unbeschränktere Macht des *populus* herausbilden.

Drittens, berichtet Dionysius, hätte es der Volksmenge zugestanden über den Krieg zu entscheiden, doch fügt er hinzu, wenn es der König wollte (περὶ πολέμου διαγινώσκειν ὅταν βασιλεὺς βούληται). Dies ist wohl richtig. Mit der Kriegserklärung hat es in mannigfacher Hinsicht eine eigene Bewandtniss. Erstens ist sie kein Gesetz. Zweitens steht sie mit den bestehenden Gesetzen nicht in Widerspruch, fällt also in den Bereich des *imperium.* Denn man fragt wohl die Götter, ob ein Krieg günstig auslaufen wird, aber man kann sie nicht fragen, ob er gerecht ist, ob man ihn desshalb führen darf. Dies hat man selbst zu verantworten und die Strafe der Götter zu gewärtigen, wenn man ungerecht handelt.[2]) Desshalb kann der König wohl einen Krieg beginnen und man muss ihm gehorchen, aber es ist billig das Volk zu fragen, da man ihn doch im Interesse des Ganzen und nur gerechter Ursache willen führen soll; ja selbst die *maiores natu* sollen erst gefragt werden, ehe man sich zum äussersten entschliesst. Auch jener Ausdruck für die Aeltesten, statt *senatus* oder *patres,* was doch factisch gemeint ist, wie wir weiter sehen werden, stellt den Act der Kriegserklärung ausser der

---

1) Vgl. Mommsen, R. F. p. 270 f.
2) Vgl. die Formeln des Fetialrechts. Liv. I, 32.   .

Reihe der eigentlichen Legislation. Ueberdies dürfen wir diese Gebräuche vielleicht nicht für specifisch römisch halten, sondern für international oder genauer wohl für latinisches Recht.

Auch mit dem Volksgerichte, welches Dionysius nicht erwähnt, dürfte es sich ähnlich verhalten. Es ist ja zweifellos, dass alles Gericht bis auf die *lex Valeria* Competenz des *imperium* war. Aber wie man auch über die Fabel von dem Horatier[1]) denken mag, der König konnte immerhin im geeigneten Falle einen Schuldigen der Volksjustiz überlassen. Der geeignetste Fall aber war *perduellio*[2]), ein feindseliger Act gegen die *res publica*, gegen den *populus*. Wo im Orient und auch in der homerischen Welt[3]) die Steinigung eintrat, da scheint bei den Römern die *arbor infelix* gedroht zu haben.

Wenn wir alles Gesagte zusammenfassen, so sehen wir, dass etwaige Gerichtsübung des Volkes und auch die Kriegserklärung ganz vom Belieben des Königs abhing, dass aber Königswahl und Gesetzgebung, welche allerdings dem *populus* zustanden, Ausnahmeacte waren, die in ältester Zeit nur in Nothfalle und dem regelmässigen Lauf der Dinge zuwider vorgenommen wurden. Nur mit der *lex de imperio* verhält es sich anders, und diese ist blosse Anerkennung und Unterwerfung unter das Bestehende. Dazu kommt nun noch, dass in jedem Falle ausser dem Volkswillen auch der Götterwille befragt werden musste, und dass die Entscheidung darüber, ob derselbe gewonnen, ob alles regelmässig geschehen sei, von den Vätern (*patrum auctoritas*) abhing.[4])

Hiernach müssen wir schliessen, dass die factische Macht und Bedeutung, welche der patricische Staat dem *populus* einräumt, eine ausserordentlich geringe ist. Bei diesem Sachverhalt kann es aber, wie ich glaube, weder Anstoss mehr erregen, dass Söhne mit Vätern, noch dass Clienten mit ihren Patronen in den Curiat-Comitien einen gleichen Platz neben einander einnahmen, zumal wenn die Abstimmung blosse Acclamation war. So nur erklärt sich leicht die factische Beseitigung zugleich und das formale Fortbestehen der Curiat-Comitien, als man dem *populus* grössere Macht zuzugestehen und eine wirkliche Stimmzählung vorzunehmen genöthigt war.

Aber so gering auch praktisch die Macht des *populus* im patricischen Staate ist, so bleibt sie im Princip doch immer die höchste — soweit menschliche Macht reicht und die Götter nicht Einhalt gebieten.

Wir kommen nun zum Senat. Hier haben wir zwei Namen, welche als ursprünglich und gleichberechtigt nebeneinanderstehen, nämlich *senatus* und *patres*. Beide bezeichnen dieselbe Sache von

---

1) Liv. I, 26.
2) p. 109 f.
3) Il. III, 56.
4) p. 70 f.

verschiedenen Gesichtspunkten. Man kann damit vergleichen *popu-lus Romanus* — *Quirites* oder *populus Priscorum Latinorum omnesque homines Latini*[1]), welche Ausdrücke die Gesammtheit und die Einzelnen bezeichnen. Aber hier liegt die Sache doch noch anders. Denn das einzelne Senatsmitglied hiess nicht *pater* (wie *Quiris, homo Latinus*), sondern mit einem abgeleiteten Worte *senator*. *Senatus* und *patres* bezeichnen in der Sache dasselbe, aber jenes Wort fasst es als Ganzes, dieses als Summe der Einzelnen.

Dieser Doppelbegriff kehrt nun genau genommen im patriarchalischen Staate überall wieder. Wenn es richtig ist, dass der Staat sich auf der Grundlage der Familie aufgebaut hat, dass also der Staat zunächst als eine Vereinigung von Familien zu denken ist, welche als Ganzes selbst der Familie nachgebildet ist, wenn ferner schon im patriarchalischen Staate das monarchische, aristokratische, demokratische Princip zu erkennen ist, so folgt aus sachlichen und logischen Gründen eine Mischung der Begriffe gerade im aristokratischen Elemente. Denn dieselben Personen stehen als Familienhäupter der Menge, als Beirath dem Oberhaupte des Ganzen gegenüber. Diese Sache ist zu einfach und bekannt, als dass sie weiterer Ausführung bedürfte. Es ist dasselbe, wenn in fortgeschrittener Zeit der Entwicklung die Repräsentanten des Volks, die Stände des Landes zugleich als Rath der Krone gelten. Schon beim alten Homer sind es bald die σκηπτοῦχοι βασιλῆες oder ἡγήτορες ἠδὲ μέδοντες, also die Häupter der einzelnen verbundenen Theile, bald die βουλή oder die γέροντες, also die aus der Gesammtheit ausgewählten Aeltesten, welche einerseits der Menge, anderseits dem Oberhaupt gegenüberstehen.

Ganz ebenso erscheint das Verhältniss in Rom, was schon aus der Zusammensetzung und Bildung des Senats deutlich wird. Es kann nämlich keinem Zweifel unterliegen, dass es in ältester Zeit ein gewisses angebornes Anrecht auf einen Platz im Senat gegeben hat.[2]) In späterer Zeit nämlich war die Bildung des Senats die wichtigste Function des geehrtesten Amtes, der Censur. Und doch galt in dieser Zeit der Grundsatz, dass der gewesene Beamte Anspruch auf den Sitz im Senat hatte; auch musste aus besonderen Gründen das schwach gewordene Patriciat zunächst berücksichtigt werden, sodass der Willkür des Censors nur geringer Spielraum blieb. Aber auch diese Macht eines Beamten erschien der Aristokratie zu gross, so dass bei der sullanischen Restauration durch Vermehrung der Zahl der Quästoren und Completirung des Senats aus den gewesenen Quästoren das Bedürfniss gedeckt, der Willkür des Censors der Raum genommen war. Wie stand es nun aber in älterer Zeit, wo es sehr wenige Aemter gab, die auf einen Platz

---

1) Liv. I, 32, 13.
2) Vgl. Schwegler I, p. 660, Anm. 1. Vgl. auch Lange I, p. 393.

im Senate ein Anrecht gaben und die Wahl des Beamten präjudi-
cirten? Und doch wird gerade in dieser Zeit der Censur geringes
Gewicht beigelegt[1]) und die Wahl des Senats diesem, wie es heisst,
anfangs unbedeutenden Amte ohne Bedenken überlassen. Daraus
folgt, dass in dieser Zeit eine andere, später nicht mehr vorhandene
oder erkennbare Regel bestanden haben muss, nach der die Aus-
wahl geschah, welche der Willkür wenig Spielraum liess. Es ist
dies aber die Zeit, in der noch der grösste Theil des Senats aus
Patriciern bestand. Wir sind desshalb genöthigt, an eine gewisse
regelmässige Repräsentation der patricischen Geschlechter im Senate
zu denken. Auch unsere Tradition setzt ja, wenn auch öfters in
unklarer Weise, Patricier (resp. patricische Geschlechter) und Senat
immer in enge Beziehung, wie denn nach ihrer Anschauung durch
Ernennung neuer Senatoren stets neue Geschlechter gebildet, durch
Aufnahme neuer Geschlechter neue Senatoren berufen werden. Nach
derjenigen Ansicht aber, welche wir oben von der patricischen
gens gewonnen haben, ergiebt es sich von selbst, dass die *patres*
innerhalb der *gentes* in der Zeit der Blüte des patricischen Staates
der Idee nach bestimmt und berufen waren im Senate zu sitzen.
Wenn so aber nach der einen Seite die Geburt zum Sitze im Senate
berechtigte, so war doch die Aufnahme selbst (*lectio*) Recht des
Magistrats, der den Senat auszuwählen hatte, in ältester Zeit des
Königs. Dies bedarf nach der klaren Ueberlieferung keines Beweises.[2]) Hiernach müssen wir folgern, dass in der Blütezeit des Patricierstaates der römische Senat aus den Geschlechtsvätern (*patres
gentium*) bestand, die der König in den Senat gewählt hatte (*lecti
in senatum*). So erklärt es sich auch einerseits, dass der Senat,
wenn er vollzählig war, eine bestimmte Zahl von Mitgliedern hatte
(die Normalzahl war wohl 300; doch s. darüber unten), anderseits
dass es, was höchst merkwürdig ist, in Rom ein senatorisches Alter
niemals gab, sodass wie es scheint ein Gentilhaupt unbeschadet der
Jugend in den Senat berufen werden konnte, wenigstens wenn es
der Militärpflicht als Ritter genügt hatte. Wenn wir diese Bildung
und Zusammensetzung des Senats berücksichtigen, so erkennen wir
in den römischen Senatoren als *patres* die natürlichen gebornen Repräsentanten der *gentes* (die *principes*), als *senatus* den gewählten
Rath des Königs (*summum consilium*).[3])

Es ist aber eine besondere Eigenthümlichkeit Roms, dass dieser
Unterschied und Doppelbegriff nun auch in den Functionen der Senatsversammlung hervortritt, wenigstens insofern, als gewisse Acte
sich nur aus dem einen Charakter des Senats erklären: ich meine
die *patrum auctoritas* und das *interregnum*.

---

1) Liv. IV, 8 *censurae initium, rei parva origine ortae, quae deinde
tanto incremento aucta est* etc.
2) S. d. Stellen bei Becker II, 1, p. 340 f. in d. Anm.
3) Cic. de rep. II, 8.

Was die *patrum auctoritas* anlangt, so stehen wir damit wieder vor einer ausserordentlich viel ventilirten Frage. Dieselbe scheint uns aber entschieden[1]), und wir begnügen uns daher mit kürzester Aufzählung der entscheidenden Gründe. Die *patrum auctoritas* ist eine Einwilligung, welche bei allen Beschlüssen des *populus*, der Curiat-Comitien und später der Centuriat-Comitien nachträglich zu erfolgen hatte.[2]) Um diese Einwilligung zu einer blossen Formalität zu machen, wurde durch eine *lex Publilia*[3]) und eine *lex Maenia*[4]) die Aenderung getroffen, dass künftighin jene Einwilligung vor dem Volksbeschluss (*in incertum eventum*) zu erfolgen hatte. Es handelt sich nun darum, wer diese Einwilligung gab, und hier ist erstens die Meinung aufgestellt, dass sie identisch sei mit der *lex curiata de imperio* und von den Curiat-Comitien ertheilt wurde.[5]) Diese Annahme ist leicht abzuweisen. Eine Identität mit der *lex de imperio* ist nicht möglich, weil die *patrum auctoritas* auch bei Gesetzbeschlüssen erfolgte, in denen es sich um ein *imperium* gar nicht handelte. Von den Curiat-Comitien kann sie nicht ertheilt sein, weil sie bei allen Beschlüssen der Curiat-Comitien selbst nachträglich noch erst beizubringen war, weil die Curiat-Comitien ein *comitiatus populi* sind, worauf die von der *patrum auctoritas* gebrauchten Ausdrücke nicht passen, weil es sinnwidrig ist, dass was der *populus* beschloss, der *populus* (wenn auch in anderer Form) bestätigen musste, dass eine *lex* der andern irrogirt wurde. — Andere haben an eine andere Versammlung der Patricier oder blos der Gentilväter gedacht.[6]) Aber wir haben für die Annahme, dass eine solche existirt habe, absolut keinen Anhalt, auch wären die Aeusserungen der Alten[7]), welche die *patrum auctoritas* mit dem Senate doch immerhin in Verbindung bringen, unbegreiflich, wenn ein solcher Zusammenhang nicht irgendwie bestanden, wenn eine solche Versammlung ganz ausserhalb desselben existirt hätte. — Wir kommen also zu der Meinung, welche die *patrum auctoritas* in den Senat verlegt[8]): aber damit ist diese Frage durchaus noch nicht entschieden und klar gestellt. Denn wir gerathen damit zunächst in Widerspruch mit zahlreichen Stellen des Livius[9]), unseres besten und zuverlässigsten

---

1) Mommsen, R. F. p. 233 ff. u. 247 ff.
2) Liv. I, 17 u. s. w.; VI, 41, Cic. de rep. II, 32.
3) Liv. VIII, 12.
4) Cic. Brut. 14.
5) Becker II, 1. p. 314 ff. Aehnlich Schwegler II, 156 ff.
6) Lange I, p. 303 f. und Vorrede der 3. Auflage p. VII.
7) Dionysius hat offenbar *patrum auctoritas* und *senatus consultum* verwechselt. Nur 3 mal II, 60; IV, 12; VI, 90 spricht er von der Bestätigung (ἐπικυροῦν) und lässt sie 1 mal durch die βουλή, 2 mal durch die πατρίκιοι geschehen. Sonst kennt er nur Vorbeschluss. Vgl. ferner Cic. de rep. II, 13, 25; Liv. II, 41; VII, 15.
8) Peter, Epochen p. 14.
9) Vgl. dieselben bei Schwegler II, 158, Anm. 2.

Quellenschriftstellers in Conflict, welche theilweise die Sache mit befremdenden, für den Senat ganz ungewöhnlichen Ausdrücken bezeichnen (*patres auctores fiunt* oder *patricii auctores* u. s. w.), theilweise
die *patrum auctoritas* vom *senatus consultum* unzweifelhaft unterscheiden.[1]) Jene Ausdrücke kehren aber auch bei anderen lateinischen Schriftstellern wieder und brechen an einzelnen Stellen, offenbar als Brocken seiner Quelle, auch beim Dionysius[2]) durch, der
sonst die Sache verwischt und nach seinem Kopfe zurecht gemacht
hat. Das Räthsel ist lange gelöst; dass an diese Lösung nicht überall
geglaubt wird, scheint mir nur an der befremdenden Fassung derselben zu liegen. Es war in alter Zeit factisch der Senat, welcher
die *patrum auctoritas* zu gewähren hatte, und das war für einen
Dionysius genug, um bei seiner Schilderung jener alten Zeit sie
einfach der βουλή zu vindiciren. Aber bei schärferer Fassung der Begriffe dürfen wir nicht sagen, dass es der *senatus* war, sondern wir
müssen sagen, dass es die *patres* waren, denn es heisst ja stets
patrum auctoritas, patres auctores facti. Als nun in späterer Zeit
Plebejer als *conscripti* in den Senat hineinkamen, verblieb diese
Function den *patres*. So ist zur Zeit der licinischen Rogationen[3])
zwischen *senatus* (*patres conscripti*) und *patres* schon ein factischer
Unterschied, der sich materiell geltend macht. Man sagte seither
auch weniger genau, aber in der Praxis deutlicher *patricii auctores;*
denn dass die Sache im Senate vor sich ging, wusste jeder, also
waren jene *patricii auctores* natürlich nur die patricischen Senatoren.
Als dieser Act nun gar vor den Volksbeschluss verlegt ward, so
verband er sich vielleicht praktisch mit dem usuellen Vorbeschluss
des Senats (*senatus consultum*)[4]), indem er wahrscheinlich in derselben Sitzung formell abgethan ward.

Wir schliessen die Frage wegen des *interregnum* sogleich an.
Wenn die Magistratur durch Zufall erledigt war, so trat eine Zwi-
schenregierung ein, von der wir bei Gelegenheit des Todes des Romulus eine Schilderung erhalten[5]), welche zugleich Ursprung und Wesen
des dauernd und lange erhaltenen Brauches darstellen will. Nach
Livius, Dionysius[6]) und andern Historikern waren es die Senatoren,

---

1) Besonders VI, 42.
2) II, 60 und VI, 90.
3) Vgl. Liv. VI, 42 f. und die Abb. über die Tribut-Comitien im Philologus XXXVI Bd. 1, p. 94.
4) Vgl. Philologus a. a. O. p. 100.
5) Liv. I, 17.
6) Dion. II, 57 u. öfter; s. d. Stellen bei Schwegler I, 657, Anm. 1.
Auch Cic. de rep. II, 12 meint den Senat. Wenn Plut. Num. 2 von 150
πατρίκιοι spricht, so zeigt schon die geschlossene Zahl, dass er ebenfalls
Senatoren meint. Woher diese Zahl stammt, darüber lässt sich verschiedenes vermuthen. Sie ist ebenso verkehrt, wie seine Angabe, dass der
einzelne *interrex* 2 ⋊ 5 Stunden amtirt habe gegenüber der Thatsache,
dass ihm eine 5 tägige Frist als Maximum zustand. Sollte sich diese Angabe

welche unter sich eine Decuriirung vornahmen, damit die einzelnen
Decurien, eine nach der andern, die Verwaltung führen sollten, doch
so, dass nur die einzelnen Mitglieder der betreffenden Decurie je fünf
Tage lang die *fasces* hatten. Manches in dieser Geschichte ist Mythus.
Die Decurien mögen immerhin auch später noch gebildet worden
sein, um innerhalb derselben wiederum den Einzelnen zu bestimmen.
Im Uebrigen treten sie nicht auf. Function und Aufgabe des *interrex*
war immer nur Wahl des ordentlichen Beamten; er hatte sie zu
Stande zu bringen, so schnell als es ihm gelang, und dann abzudanken.
Der erste *interrex* sollte aber nicht wählen lassen.[1]) Bisweilen sind
bekanntlich eine Reihe *interreges* gefolgt[2]), wo Hindernisse der Wahl
vorlagen oder geschaffen wurden. Im Ganzen scheint obiger Bericht
klar und unverfänglich. Und doch stehen ihm aus heller historischer
Zeit, wo das Institut praktische Anwendung fand, wiederum die
üblichen Termini entgegen: denn es heisst niemals *senatus interregem
prodit*, sondern immer *patricii* oder *patres coeunt, interregem pro-
dunt*.[3]) Der scheinbare Widerspruch vermittelt sich wiederum leicht
genug. Damals als der Brauch des *interregnum* entstanden sein
soll, von welcher Zeit und von welcher Entstehung die Darstellungen
unserer Schriftsteller ja zunächst ein Bild geben wollen[4]), damals
war es allerdings factisch der Senat, dessen Mitglieder insgesammt
als *patres* und *patricii* Decuriirung und Feststellung der Reihenfolge
vornahmen, sodann einer nach dem andern das *interregnum* führten.
Als aber der Senat durch *conscripti* sich erweiterte, verblieb das
interregnum den *patres* oder *patricii* im Senate. Dass hier der Ausdruck *patricii coeunt* u. s. w. üblicher ward, ist erklärlich, da die
Sache sich immer in praktischem Gebrauche erhielt und dieser Ausdruck deutlicher war. Dass nur die patricischen Senatoren gemeint
waren, wusste jedermann, und es war selbstverständlich, um so
mehr als es eine sonstige Versammlung der Patricier nicht gab.
Uebrigens ist es sehr wohl möglich, dass jenes *coire* der *patricii*
nicht nur in der Curie, sondern auch innerhalb des Senates stattfand, indem sie aus der Menge der übrigen Senatoren heraus zu-
sammentraten. Man darf vielleicht noch vermuthen, dass derjenige,
welcher das *coire* der *patricii* veranlasste, zur Zeit wo der Staat keine
Beamten hatte, der *princeps senatus* war; denn soviel wir wissen,

---

vielleicht daher schreiben, dass in der That, wie Livius berichtet, alle
5 Tage eine andere Decurie an der Reihe war, und dass Plutarch desshalb
irrthümlich für die einzelnen Mitglieder derselben 12 Stunden ausrechnete?
1) Ascon. in Mil. p. 43. Der zweite wählt in vielen Fällen.
2) Liv. VII, 17. 21. VIII, 23.
3) Vgl. d. Stellen bei Becker II, 1, p. 209 Anm. 610, p. 309 Anm. 618.
4) Man berücksichtige noch, dass nach dem Bericht des Livius u. s. w.
der Senat aus Herrschsucht jenes Wechselregiment usurpirt haben soll,
dass also der Zweck der Sache als ein anderer dargestellt wird, als wie
sie ausschlug.

war dieser stets Patricier[1]), und auch die Kaiser, welche diesen Titel für sich in Anspruch nahmen, haben ja ebenfalls sich und ihren Nachfolgern stets das Patriciat erworben.

Es ist nun klar, dass durch diese Ansicht vom *interregnum* jene von der *patrum auctoritas* eine starke Stütze erhält. Beide Einrichtungen stehen aber auch in tiefer Beziehung und innigem Zusammenhang mit einander, was unten noch deutlicher werden wird. Hier nur soviel:

Beide treten nur da ein, wo das *imperium* nicht zureicht, wo der *populus* eingreift. In beiden Fällen erscheinen die *patres* als Häupter und Repräsentanten der *gentes*. Als solche sind sie die Gesetzeswächter, die Wächter der sacralen, von den Göttern gut geheissenen Gentilverfassung, als solche die ursprünglichen Träger der *auspicia* und zugleich des Göttersegens, welcher auf diesen Staatseinrichtungen ruhte.[2]) Von ihnen müssen daher im *interregnum* die *auspicia* von neuem geholt werden (*repetuntur, renovantur*)[3]), um dem dauernden und rechten Träger der *auspicia publica, dem *rex* übertragen zu werden; auf sie fallen jene zurück (*res ad patres redit*)[4]), wenn durch bösen Zufall der Staat verwaiset. Sie müssen aber auch als Wächter der Verfassung jeden Act des *populus*, des höchsten menschlichen Willens prüfen, ob er mit dem Willen der Götter und mit den bestehenden Gesetzen der Gentilverfassung im Einklange ist, sei es, dass es nur gilt die bestehende Verfassung einem neuen Haupte gegenüber anzuerkennen, sei es dass im Falle der Noth ein neues Haupt gewählt werden muss, sei es dass ausnahmsweise eine Aenderung vorgenommen werden soll. —

Von diesen beiden Functionen der Senatsversammlung, die sich allein aus dem Charakter der *patres* als Gentilväter und Repräsentanten der *gentes* erklären, sind alle übrigen Functionen derselben weitaus verschieden, insofern sie alle in die Sphäre des *imperium* fallen, das heisst: bei aller sonstigen Bethätigung des Senats ist es vollkommen Sache des Inhabers dieses *imperium, des Königs, ob er sie in Anspruch nehmen will oder nicht. Desshalb ist in dieser Beziehung der *senatus* nur ein *consilium; seine Gutachten sind *senatus consulta; beides Namen, welche auf *patrum auctoritas* und *interregnum* absolut nicht passen. Es heisst vom Könige (Beamten) *consulere senatum* oder *referre ad senatum. Der König macht eine Sache entweder selbst ab, oder er legt sie zurück für den Senat (recurrirt auf den Senat), er holt sich den Rath des Senats, um durch denselben klüger geworden dann zu entscheiden und zu handeln, denn zuletzt ist und bleibt Entscheidung und Ausführung Competenz der königlichen Gewalt.

---

1) Mommsen, R. F. p. 92 ff.
2) Auch Cic. de leg. III, 3, 9 *auspicia patrum sunto.*
3) Liv. V, 17; 31; 52.
4) Liv. I, 32 und oft.

Es ist klar, dass der König in dieser Weise den Senat mit allen möglichen Dingen befassen konnte. Feste Grenzen lassen sich hier nicht ziehen, doch werden sich einige Gebiete bezeichnen lassen, auf welchen er ihn zu befragen pflegte. Denn einerseits lässt sich aus den Functionen des Senats der späteren Zeit auf die königliche einigermassen zurückschliessen, anderseits lassen die Eigenschaften der Senatoren als der Aeltesten des Volks und als der Gentilväter einige Schlüsse zu.

Einen Punkt nehmen wir vorweg, den wir schon oben berührt haben. Wir haben gesehen, dass der König wegen der Kriegs-erklärung, wenn er wollte, die Entscheidung des *populus* anrief. Das *iussum populi* war in diesem Falle keine *lex*, es handelte sich um eine Sache, wo menschliches Urtheil nach Recht und Gewissen frei zu entscheiden hatte: aus beiden Gründen kann hier von einer *patrum auctoritas* nicht die Rede sein. Wohl aber war es recht und billig, ehe man sich zur äussersten Ratio entschloss, den Senat zu fragen; ja dies war, wie es scheint, weit dringender als die Be-fragung des Volks, denn diese Befragung des Senats ist in den alten Formeln des Fetialrechts ausdrücklich vorgesehen.[1]) Schon oben wurde erwähnt, dass wir hier ja wohl eine Spur von inter-nationalem latinischen Rechte haben, denn es erscheint wenigstens der *pater patratus* auch auf der Seite der Gegner.[2]) Der Senat wird aber mit der eigenthümlichen, sehr allgemeinen Bezeichnung *maiores natu* benannt. Und in der That erklärt sich diese Befragung des Senats ja vornehmlich aus dem Begriffe der Aeltesten als der Weise-sten und Verständigsten.

Aus derselben Idee aber geht es hervor, wenn der Senat mit Friedensschlüssen, Verträgen, überhaupt mit den auswärtigen An-gelegenheiten beschäftigt zu werden pflegte.[3]) Wie sehr dies in späterer Zeit der Fall war, ist bekannt. Wenn nun auch das Recht, welches der Senat in der Folgezeit in solchen Dingen beanspruchte, formell wenigstens für nicht zweifellos gegolten zu haben scheint[4]), so folgt doch daraus und aus der Sache selbst, dass die Gewohnheit solche Dinge im Senate zu verhandeln aus der ältesten Zeit stammt. Und diese Gewohnheit gründete sich wohl zunächst auf den Charakter des Senats als der Verständigsten, der Aeltesten. Man vergleiche die Sitten der homerischen Zeit. Auf die Alten beruft sich Mene-laus[5]), als es einen Vertrag zu schliessen gilt; die Jüngeren sind

---

1) Liv. I, 32, 10 *sed de istis rebus in patria maiores natu consulemus.*
2) Liv. I, 32, 11 *patri patrato Priscorum Latinorum.*
3) Becker II, 2, p. 450 f.
4) Vgl. den Vorgang bei Liv. I, 24, wo der *rex* völlig selbständig das Bündniss schliesst; und die Streitfragen und Irrungen Liv. IX, 5 u. s. w., welche die Cassirung von Vertragschlüssen der Magistrate seitens des Se-nates veranlasst hat.
5) Il. III, 105 ff.

ihm zu leichtsinnig und unzuverlässig. Im Rath der Alten[1]) wird im griechischen Lager der troische Herold empfangen, der Vertrag geschlossen wegen des Waffenstillstandes, während in Troja allerdings dieselbe Sache in der Volksversammlung[2]) lärmend beendet wird, wie der Dichter mit unverkennbarer Verachtung und Missbilligung erzählt. Auf der andern Seite freilich erhalten die römischen Senatoren auch aus ihrer Eigenschaft als Gentilväter, als ausschliessliche Eigenthümer des Grund und Bodens starkes Anrecht mitzureden, wo es einen Vertrag, besonders einen Friedensschluss galt: denn eine Gebietsabtretung gefährdete nicht nur die Geschlechter, vor allem die Geschlechtsväter, sondern auch die gesammte Geschlechterverfassung; eine Gebietserweiterung aber bedrohte, wie wir sehen werden, den Geschlechterorganismus fast noch mehr.

Ferner lag die Verwaltung der Finanzen[3]) in späterer Zeit ganz besonders in der Sphäre des Senats. Es ist dies sehr eigenthümlich, da in den meisten Staaten schon des Alterthums die Volksversammlung die Verwaltung der Staatsfinanzen für ihre wichtigste Angelegenheit gehalten hat.[4]) In Rom war es anders und musste es schon anders sein, weil es periodische Volksversammlungen gar nicht gab. Und wo in späterer Zeit ausnahmsweise der *populus* resp. die *plebs* in Finanzangelegenheiten eingriff, sei es durch Schuldgesetze, sei es durch Getraidegesetze, sei es durch Ackergesetze, da hat es stets den allergrössten Sturm erregt. Wenn somit die Finanzangelegenheiten in späterer Zeit eine der wichtigsten Aufgaben des Senates waren, und ihre Gesammtleitung ganz in seiner Hand lag, so mag dies auch wohl in königlicher Zeit ähnlich gewesen sein. Denn in der ältesten Zeit hat sich der Staat zwar wohl, wie der spartanische, sozusagen ohne Geld beholfen, aber bald bedurfte er dessen auch; und hier fand das *imperium* factische Grenzen. Dass es aber Hülfe beim Senate suchen konnte, scheint mir daraus erklärlich, dass die Senatoren als Gentilväter Inhaber des Grund und Bodens waren und so am meisten berechtigt ausserordentliche Auflagen zu gewähren. Dieser Grund ist mir daneben, dass es nach dem Sturz des Königthums beim Wechsel der Magistrate überhaupt keine andere perennirende Behörde gab, welche die Finanzleitung übernehmen konnte, für die spätere ausschliessliche Befassung des Senates damit der glaublichste.

Ausser allen diesen Angelegenheiten, welche die *res publica* betreffen, beschäftigten den Senat aber auch in hervorragender Weise die *res divinae*, während bekanntlich in diesen Dingen dem *populus* von Rechtswegen gar keine Einmischung zustand. Oberhaupt des römischen Gemeinwesens auch in sacraler Hinsicht war, wie wir

---

1) ll. VII, 324 ff.
2) ll. VII, 345 ff.
3) Becker, II, 2, p. 452.
4) Vgl. besonders die Verhältnisse Athens.

weiter sehen werden, der König; diese Competenz aber stammte aus
seiner Eigenschaft als Hausvater der Gesammtheit. Ebenso waren
nun auch die *patres* Hausväter ihrer Geschlechter und standen den
sacra gentilicia (*privata*) in derselben Weise vor wie der *rex* den
sacra publica. Daher kommt es, dass die Gesammtheit der Hausväter, d. h. der Senat von dem Könige in sacralen Dingen nach
löblicher Sitte befragt wurde, dann aber dass, als das Königthum
beseitigt wurde, die wichtigsten Entscheidungen in sacralen Dingen,
welche jenem zustanden, in die Competenz des Senats verfielen.[1])
    Neben diesen Functionen des Senats sei noch erwähnt, dass
naturgemäss aus dieser Versammlung der König, wenn er Gericht
hielt, seine Rathgeber entnahm; ebenso mochte er, wenn er Richter
bestellte, naturgemäss Senatoren wählen. Dies ergiebt sich aus der
Eigenschaft der Senatoren als der Aeltesten. So erklärt es sich, dass
bis auf die Gracchen die Gerichte dem Senate verblieben.
    Fassen wir alles über den Senat Gesagte zusammen, so er-
kennen wir in ihm eine doppelte Eigenschaft. Er umfasste die vom
Könige berufenen Häupter der Geschlechter, die einerseits als *senatus*
die berathende Versammlung bildeten, welche der König, wenn er
wollte, zu Rathe zog in Dingen, wo die Aeltesten und Väter der Geschlechter zu rathen geeignet waren, die anderseits als *patres* die Zwi-
schenregierung im Falle einer Thronerledigung übten und herangezogen
werden mussten, wo es einen Act des *populus* zu bestätigen galt.

    Dem *populus* und *senatus* gegenüber steht der *rex*. Aus der
ohnehin zweifelhaften Etymologie des Wortes[2]) ist für uns nichts
zu gewinnen; aus seiner allgemeinen Bedeutung und Anwendung
nicht viel. Wir müssen sogleich die Sache prüfen. Wir wollen uns
aber begnügen die wichtigsten Gesichtspunkte kurz zu berühren, weil
durch die neuste ausführliche Darstellung der römischen Magistratur
dieser Punkt nach allen Seiten bis zur Erschöpfung discutirt ist.
    Zunächst ist die Frage, ob Wahl- ob Erbkönigthum kurz zu
berücksichtigen. Man kann im allgemeinen sagen, dass viel Grund
vorhanden ist das Königthum für erblich zu halten, dass die spätere
römische Tradition aber ein Wahlkönigthum gedacht habe. Aber
genau genommen ist doch die geläufige Tradition selbst der Art,
dass sie es gleichsam als Zufall erscheinen lässt, wenn das Königthum niemals auf den Sohn vererbt wurde. Wenn nun Romulus
nicht auf wunderbare oder revolutionäre Weise aus dem Leben verschwunden wäre, wie war in diesem Falle die Ordnung der Nachfolge
gedacht? Interregnum und Volkswahl gab es nicht, sondern diese
Dinge erscheinen nach seinem Tode als ganz neue Ordnungen. Und

---

1) Becker II, 2, p. 452, Anm. 1142.
2) Curtius, Gr. Et. p. 164.

wie Romulus, so sind Numa und Servius nach der Anschauung der
Alten ohne Söhne, Tullus verbrennt als Gottloser mit seinem Hause.
Die Söhne des Ancus und Tarquinius aber bleiben durch besondere
Umstände und eigenthümliche Intriguen von der Herrschaft ausgeschlossen. Insofern möchte ich sagen, dass durch die Behandlung
der Fabel die Idee der Erblichkeit nicht so bestimmt ausgeschlossen
ist, als vielmehr im Interesse der späteren Volkssouveränetät einerseits und Senatsautorität andrerseits constatirt wird, wie jedesmal
factisch gewählt worden ist, oder von Rechtswegen ·hätte gewählt
werden müssen. Auch jene Stellen, welche hervorheben, wie die
Römer nicht auf Geburt sahen, sondern den tüchtigsten zum Könige
nahmen[1]), sind erstens blos Abstraction von dem, was die Tradition
als factisch berichtet, und weisen andrerseits darauf hin, dass, ich
will nicht sagen im römischen, aber doch im lateinischen Begriffe
des *rex* und *regnum* das Attribut der Erblichkeit enthalten ist. Dies
wird sich wohl kaum bestreiten lassen, denn dieser Name wird ja
ausschliesslich von den erblichen Barbarenkönigen gebraucht; er wird
nicht nur dem einen regierenden, sondern auch den Prinzen gegeben,
welche zum Geschlechte des Königs gehören. Auch die Tarquinier
werden nach der Vertreibung wiederholt bei Livius als *reges* bezeichnet, in welchem Ausdrucke sie also als Königsgeschlecht, das
Königthum aber als erblich erscheint. Was, kann man ferner fragen,
unterschied denn den latinischen *rex* vom latinischen *dictator* (ebenso
den attischen βασιλεύς vom attischen ἄρχων), wenn nicht die Erblichkeit der Würde? Denn die Lebenslänglichkeit darf man schwerlich
anführen[2]), da diese meines Erachtens dem Begriff der latinischen
Dictatur ursprünglich ebenso zukam, als dem attischen Archontat.
Selbst in Rom konnte es lebenslängliche Dictatoren geben, wie die
Beispiele des Sulla und Caesar beweisen. So erklärt es sich, dass
in der Tradition die Bezeichnungen *dictator* und *rex* bei den albanischen Herrschern wechseln.[3]) Vor allem aber spricht für die
ursprüngliche Lebenslänglichkeit der latinischen Dictatur der ihr
anhaftende priesterliche Charakter. Dictator selbst ist auch Titel
eines Priesters[4]), und Milo hat als *dictator* in Lanuvium *stata sacri-
ficia* zu vollziehen und einen *flamen* zu prodiren.[5]) An der Lebenslänglichkeit der Würde des letzteren darf man überhaupt wohl nicht
zweifeln. Ist aber die latinische Dictatur ursprünglich lebensläng-
lich, so dürfte wohl zum Unterschiede dem latinischen Begriffe des
rex die Erblichkeit zukommen. Sollte nicht ferner, was Rom selbst
anlangt, die *regina* als Theilnehmerin an der Würde die Theilnahme

---

1) Cic. de rep. II, 12, 24. App. B. C. I, 98.
2) Etwas verschieden urtheilt Mommsen, R. St.-R. II, p. 153.
3) Liv. I, 23, 4; 25, 9; 21, 1; 24, 2.
4) Vgl. Marquardt, R. St.-V. I, p. 476.
5) Cic. Mil. 27 und 45. Die Worte des Ascon. p. 32 *ibi tum dictator*
beweisen nichts gegen die Lebenslänglichkeit, wie Mommsen dies glaubt.

des königlichen Geschlechts, ferner die *regia* als bleibendes Haus des Königs die Erblichkeit der Würde in gewissem Sinne bezeichnen? Am deutlichsten aber spricht wohl dafür der unverkennbare Parallelismus zwischen königlicher und väterlicher Gewalt. Sehen wir auch ab von dem sonstigen patriarchalischen Charakter des Königthums, so ist doch sehr bezeichnend die Betheiligung der *patres* am *interregnum*, welches eine Wechselherrschaft derselben als natürlichen, selbstverständlichen Ersatz des Königthums im Falle der Vakanz erscheinen lässt, ferner die *auspicia* des Königs, welche von den *auspicia privata* der *patres* ausgehen und im Falle der Vakanz auf diese zurückfallen, welche als *auspicia publica* im Könige vereint sind, welche im Falle der Erneuerung auf die Reihe der *interreges* und von diesen auf den neuen *rex* übergehen. Hierdurch stellt die *regia potestas* mit der *patria potestas* sich in die gerade Linie. Wie diese ist sie natürlich und von der Gottheit gesetzt, wie denn der höchste und beste Gott zugleich König und Vater der Stadt ist. Wie die väterliche Gewalt sich aber naturgemäss auf Kind und Kindeskind fortvererbt, so ergiebt sich auch als die natürliche Uebertragung der königlichen Gewalt die Vererbung durch das Blut.

Grössere Sicherheit erhalten wir aber in dieser Frage, wenn wir berücksichtigen, wie und wodurch der römische Oberbeamte zu all und jeder Zeit zur Würde gelangte.

Man könnte zunächst sagen wollen: durch Wahl des *populus*. Dass damit aber die Sache nicht ganz bezeichnet ist, unterliegt keinem Zweifel. Denn andere Umstände, Bedingungen der Geburt, richtige Uebertragung der Auspicien, richtige Fragstellung durch die rechte Person, sind unumgänglich nöthig, Umstände welche nachher die *patres* zu prüfen und danach den Act zu bestätigen haben. Demnach ist das *iussum populi* immer nur ein Moment bei der Einsetzung des Magistrats. Aber — wenn wir von den Bestimmungen späterer Gesetze absehen — es kann im Princip die Wahl auch nicht als ein nothwendiges Accedens des römischen Oberamts angesehen werden. Wäre sie es, so hätte sie auch auf die Priesterämter übertragen werden müssen, welche aus dem Königthum hervorgegangen sind. Wäre sie es, so hätte es in späterer Zeit nicht Magistrate geben können, welche nicht gewählt wurden, wie die Dictatoren und Reiterführer, da diese Aemter dem bereits vielmehr erstarkten *populus* der Centurien gegenüber Vorzüge besessen hätten, welche das Königthum dem *populus* der Curien gegenüber nie besass. Ebenso wäre diese Gestalt des *interregnum* unerklärlich, wenn die Wahl nothwendiges Accedens der Magistratur war; denn auch die *interreges* waren wirkliche Oberbeamte, welche *fasces* und *imperium* ohne *lex curiata* in unumschränkter Weise besassen, und waren nicht gewählt.[1]) Dasselbe ergiebt sich auch aus folgendem Umstande.

---

1) Liv. I, 17. Mommsen, R. St.-R. I, p. 54.

Späterhin hatte stets der regelmässige Inhaber des *imperium* die Wahl zu leiten[1]), und nur, wenn ein solcher nicht da war, oder es rathsam erschien, dass er abdankte, griff man zum *interregnum*, welches durch seinen ganzen künstlichen Charakter und durch die wunderliche Erzählung von der Entstehung der wunderlichen Einrichtung als eine Nothmassregel angekündigt wird.[2]) Dem würde es entsprechen, wenn der König die Wahl seines Nachfolgers geleitet hätte. Aber davon ist in der Ueberlieferung keine Spur, so dass wir überhaupt diesen Gedanken ausschliessen müssen. Daraus folgt aber, dass ordnungsmässig überhaupt eine Wahl nicht stattfand, und die Wahl als ein nothwendiges Accedens bei der Bestellung des römischen Oberbeamten, zunächst des Königs, nicht angesehen werden darf.

Man hat wohl gesagt, der Inhaber des *imperium* ernenne den neuen Beamten. Es fragt sich also ferner, ob eine solche Nomination nothwendige Voraussetzung war, um das Oberamt antreten zu können. Hierauf muss die Antwort lauten, dass eine Nomination allerdings in republikanischer Zeit bei der Bestellung aller Aemter stattfand und daher, weil weiter greifend, noch wesentlicher erscheinen könnte als die Wahl. Aber damit ist die Frage doch nicht entschieden. Denn selbstverständlich muss eine Nomination da stattfinden, wo die Person des künftigen Würdenträgers sonst nicht bestimmt ist. Dies würde aber beim erblichen Königthum regelmässig der Fall gewesen sein, wesshalb es hier einer Nomination nicht bedurft hätte. Ueberhaupt aber erscheint ja das, was wir allgemein als Nomination bezeichnet haben, durchaus nicht als eine bestimmte feierliche Form, welche bei der Bestellung aller Beamten gleichmässig in Anwendung kam. Schon die betreffenden Ausdrücke (*dicere, prodere, capere, creare*) sind verschieden, haben ganz verschiedene Anwendung und entsprechen verschiedenen Acten. Eine Ernennung durch den Vorgänger ist nirgends nachweisbar. Denn wo eine feierliche Ernennung erfolgte, wie bei der Dictatur und bei manchen Priesterämtern, da blieb der Ernennende selbst im Amte; wo aber der Vorgänger abtrat, wie beim Interregnum, da fehlt der Act der feierlichen Ernennung. Wie nämlich der erste *interrex* von keinem Vorgänger im *imperium* ernannt wurde, so ist auch durch nichts zu erweisen, dass die Bestellung des jedesmal folgenden *interrex* durch den vorhergehenden geschah. Hiernach kann eine bestimmte Form der Nomination als allgemeine unumgängliche Bedingung des Amtsantritts nicht gelten.

Wie erfolgte denn aber der formale Act des Amtsantritts? Wir wissen, dass die strengste Continuität der obrigkeitlichen Gewalt durch die römischen Staatseinrichtungen bezweckt ist, dass die Idee *le roi est mort, vive le roi* selbst im Freistaat Rom mit Hülfe des *in-*

---

1) Mommsen, St.-R. I, p. 157.
2) Vgl. Mommsen a. a. O. p. 158.

terregnum künstlich verwirklicht war. Und doch fand ein Act der
Uebergabe der Amtsbefugniss und der Auspicien vom Vorgänger
an den Nachfolger nicht statt, sondern es war ein stiller Uebergang.
Der Moment des Abgangs war ordnungsmässig der Moment des
Antritts. Später durch die Befristung des Amts wurde dieser Moment freilich anderweitig bestimmt, aber denken wir uns diese Befristung fort, so werden wir aus der Idee der Continuität des Amts
und der Auspicien heraus sagen müssen, dass bei allen ordentlichen,
ständigen Aemtern, wenn die Person des Nachfolgers schon feststand,
der Antritt des Amts durch den Abgang des Vorgängers bestimmt
und bedingt war. Ohne Abgang des Vorgängers war auch ein
interregnum nicht möglich.[1]) Im Momente der Erledigung aber
hatte der neue Oberbeamte, wenn der Nachfolger bestimmt oder
selbstverständlich war, die Auspicien. Ohne dass sie übergeben
wurden, übernahm er auf Grund seiner *auspicia privata* die ihm
nun zustehenden *auspicia publica*. Diese Form nun und die ganze sich
darin spiegelnde Anschauung lässt den Vorgang zweifellos als der
menschlichen Einwirkung entzogen, als symbolischen Ausdruck der
natürlichen Vererbung erscheinen. Es handelt sich nicht darum, ob
die betreffende Person erwählt, ob sie nominirt ist, es handelt sich
nur darum, ob die rechte Person da ist: alsdann hat sie im ein-
tretenden Moment der Erledigung von selbst die Auspicien, welche
der Vorgänger gehabt. Daher kommt es auch wohl, dass der erste
interrex für unvollkommen gilt, weil auf ihn nicht die Auspicien bei
Abdication des Vorgängers von selbst übergehen, sondern weil er
sie aus einer menschlichen Manipulation heraus erhalten muss.

Man kann nun wohl nicht zweifeln, dass die natürliche Einrichtung, welche diesem Gebrauch der Amtsübertragung zu Grunde
liegt und von welcher die sich darin aussprechende Rechtsdoctrin
abgeleitet ist, in dem erblichen Königthum erkannt werden muss.
In dem leiblichen Erben ist der rechte Nachfolger da, auf den bei
Erledigung des Amts die Auspicien des Vorgängers übergehen: diese
Anschauung ist nirgends mehr naturgemäss, als in Rom, wo die
ganze älteste Staatseinrichtung auf die Erhaltung der natürlichen
Geschlechter, auf die natürliche Vererbung angeborner Vorzüge hin-
ausläuft.

Wenn wir es nach allem diesem für höchst wahrscheinlich
halten müssen, dass in dem ursprünglichen Begriffe der römischen
Magistratur, also im römischen Königthum, das Attribut der Erblichkeit eingeschlossen war, so wird daraus folgen, dass auf die Bestimmung der Nachfolge die menschliche Willkür directen Einfluss
nicht hatte, dass die legitime Geburt allein das Anrecht verlieh.
Dagegen war eine indirecte Einwirkung gesetzlich in verschiedener

---

1) Vgl. die Tradition vom Decemvir App. Claudius Liv. III, 41; und
Mommsen, St.-R. I, p. 511.

Weise möglich. Zunächst vermochte der König selbst sowohl durch die väterliche, als auch durch die königliche Gewalt den Erben zu beseitigen, so dass ein anderer in seine Stelle trat. Wenn er dies unterliess, so trat jener allerdings in seine Rechte ein. Er überkam die Auspicien und die königliche Gewalt, d. h. das *imperium*. Es würde ein Irrthum sein, wenn man glauben wollte, dass er letzteres erst durch die *lex curiata* erhielt. Denn der *interrex* besass es auch ohne diese *lex*[1]), und in späterer Zeit unterblieb die Rogation derselben bisweilen wenigstens für das *imperium* in der Stadt.[2]) Indess dies hatte wohl seinen Grund in der Fahrlässigkeit jener Periode. Denn streng genommen fehlte dem *imperium* ohne diese *lex* der Inhalt, weil von der Seite des Volks die Anerkennung desselben und damit die Verpflichtung zu gehorchen fehlte. Desshalb war der König auch praktisch genöthigt die *lex curiata* zu rogiren, und dem *populus* stand es zu sie zu verweigern.[3]) Ferner stand es den *patres* zu, wenn auch der *populus* jene *lex* gut hiess, auf Grund des Ausfalls der befragten Auspicien oder aus sonstigen Gründen (körperliche Gebrechen machten z. B. zu priesterlichen Functionen und desshalb wohl auch zum Königthum unfähig) die Bestätigung zu versagen.[4]) So konnte wohl indirect der König zur Abdication[5]) genöthigt werden. Letztere war es, welche, allerdings immerhin als ein freiwilliger Act, allein (abgesehen vom Tode) den Thron erledigen konnte.

Aber diese Erledigung des *imperium* konnte auch eintreten, ohne dass ein rechtmässiger, selbstverständlicher Erbe da war. Dass dieser Fall vorgekommen und vorgesehen worden ist, folgt aus der Einrichtung des *interregnum*, welche, wie der Name es ausser Zweifel setzt, aus der königlichen Zeit herstammt. Der *interrex* hatte die Neuwahl eines *rex* zu veranlassen, worüber oben genügend gesprochen ist. Auch der gewählte König bedurfte nach gehaltener Auspication der *lex curiata*.

Soviel von der Bestellung des Königs. Wenn wir nun den Charakter des Königthums im Allgemeinen bezeichnen wollen, so wird dies immer am besten geschehen durch den Vergleich mit der väterlichen Gewalt[6]), wie sie in Rom in ihrer vollen Strenge erscheint. Die königliche Macht ist schrankenlos gegenüber den einzelnen Untergebenen, insofern keiner ihr thätlich hindernd oder rächend begegnen darf. Nur moralisch ist sie beschränkt durch die Religion

---

1) Mommsen, R. St.-R. I, p. 50 ff.
2) Cass. Dio 41, 43.
3) Cf. p. 66.
4) Wir sind in keiner Weise berechtigt anzunehmen, dass die *lex curiata de imperio* der *patrum auctoritas* nicht bedurft hätte.
5) Dieselbe war ohne Zweifel statthaft, und dies unterschied die königliche von der väterlichen Gewalt. Vgl. Mommsen, St.-R. I, p. 509 u. Anm. 2.
6) Vgl. Mommsen, R. St.-R. II, p. 3 ff.

und die Staatseinrichtung, welche sich von der Religion nicht trennen lässt. Sie erscheint als einheitlich, insofern die verschiedenen Seiten zwar abstrahirt werden können, aber sich *in concreto* noch nicht markiren. Desshalb ist der König zugleich Magistrat und Priester, ein Unterschied, der sich an andern Aemtern schon unter dem Königthum und wahrscheinlich frühzeitig ausbildet, an ihm selbst aber nicht hervortritt. Er ist zugleich Richter und Feldherr, ebenfalls eine in ihm anfangs ungetrennte Competenz, welche sich aber in der Scheidung des Volkes und Heeres bereits markirt. Er hat zugleich richterliche und administrative Gewalt, eine Unterscheidung, die sich in Rom überhaupt erst allmählich und nicht mit durchgreifender Consequenz herausgestellt hat. Als die erste aber unter diesen Qualitäten und als diejenige, auf welcher die ganze Stellung beruht, wird mit Recht[1]) die richterlich-polizeiliche, oder die obrigkeitliche Gewalt angesehen. Denn diese entspricht der väterlichen Gewalt zunächst: sie gilt zu Hause; sie gilt im Normalzustande des Friedens. Die Gewalt des Königs im Kriege ist keine verschiedene, aber der Krieg ist Ausnahmezustand. Und der Verkehr mit den Göttern, welcher dem Könige für die Gemeinde, wie dem Vater für sein Haus zusteht, bezweckt auch nur das Wohl und Gedeihen der staatlichen Familie.

Unter den einzelnen Functionen des Königs führen wir zunächst das Recht auf, den *populus* zu berufen, um Contionen und Comitien zu halten. Es ist erwiesen, dass ausser ihm und eventuell dem *interrex* niemand es besass, es müsste denn das *ius contionandi* auch dem vom Könige für seine Abwesenheit bestellten *praefectus urbi* zugestanden haben.[2]) Zu den Contionen versammelte sich die Menge, um zu hören, was der König sagen wollte oder sagen liess. Nicht anders stand es mit den meisten Comitien, nur dass in ihnen der *populus curiatim* erschien, und besondere Formen beobachtet wurden. Die regelmässigen *comitia* waren *calata*, womit nicht gesagt ist, dass dieser ganz allgemeine Name, der ursprünglich blos das immer nothwendige Berufen bezeichnet, schon damals üblich war. Solche *comitia calata* wurden, wie es scheint, am 24. März und 24. Mai regelmässig gehalten[3]), indess auch öfter, so dass jene genannten Comitien einen besonders wichtigen Zweck gehabt haben müssen, weil sie sich auch späterhin, nämlich in der Form, dass der *rex sacrorum* sich an diesen Tagen um zu opfern auf das *comitium* begab, erhielten. Man irrt vielleicht nicht, wenn man für die älteste Zeit diejenigen Acte in sie verlegt, welche späterhin durch den Census bewirkt wurden, also die allgemeine bürgerliche und militärische Musterung, vielleicht damit verbunden die Vorstellung der mündig

---

1) Mommsen, R. St.-R. p. 12.
2) Vgl. Mommsen, St.-R. I, p. 149.
3) Varro l. l. VI, 4. p. 212; Paul. Diac. p. 259. Vgl. Mommsen, R. G. I, p. 75.

Gewordenen, und die Lustration. Gerade die beiden nicht weit von einander liegenden Termine könnten dafür sprechen, insofern an den ersten die Prüfung der Bürgerschaft, an den zweiten die Lustration derselben in ihrem neuen Bestande sich anschliessen könnte. Comitien, in denen das Volk gefragt wurde und ein Gutachten *(iussum)* abgab, haben den besprochenen gegenüber gar keinen besonderen Namen; sie fanden, wie viel wichtiger auch als jene, doch nicht regelmässig statt (wie überhaupt zu keiner Zeit) und lagen, abgesehen von der *lex de imperio,* wie wir oben gezeigt haben, überhaupt nicht in der Tendenz der ganzen Staatseinrichtung. Sie haben sich aber zum Zweck von Verfassungsänderungen allmählich mehr und mehr herausgebildet.

Zweitens besass der König und zwar wiederum allein (von den beschränkten Functionen des *interrex* und wahrscheinlich des *praefectus urbi* abgesehen) das Recht den Senat zu erwählen, zu berufen und zu befragen. Darüber ist oben gesprochen. Wenn er den *populus* gefragt hatte, sei es *de imperio* oder sonst, so bedurfte er (und ebenso der *interrex*) der *patrum auctoritas.* Sonst lag die Einholung eines *senatus consultum* in seiner Willkür.

Was die sonstige obrigkeitliche Amtsübung anlangt, so wird sich mit Sicherheit behaupten lassen, dass der König an diejenigen Normen nicht gebunden war, welche für die Beamten der Republik allmählich obligatorisch wurden. Aber wie er die Provocation nicht zu gestatten brauchte, wohl aber gestatten konnte, so werden überhaupt spätere Normen aus Bräuchen der königlichen Zeit hervorgegangen sein. Wir hören von Cicero[1]), dass der König nicht einen *iudex* stellte, sondern die Civilprocesse (im römischen Sinne) selbst entschied, wie es auch die Geschichte vom Tode des älteren Tarquinius versinnbildlicht. Damit ist dennoch die Annahme nicht ausgeschlossen, dass er nach Belieben einem anderen die Entscheidung mandiren konnte. Auch der Gebrauch, sich eines engeren *consilium* von Vertrauensmännern aus dem Senate zu bedienen[2]), erscheint so naturgemäss, dass wir ihn jener Zeit, als die ganze Jurisdiction noch Sache des Oberamts war, ohne Bedenken zuschreiben dürfen. Aber es müssen gerade für die älteste Zeit vielleicht doch noch gewisse Normen und Schranken angenommen werden, welche später nicht vorhanden waren. Wenn wir nämlich die Gehülfen des Königs auf diesem Gebiete überschauen, so müssen wir zwei Kategorien unterscheiden. Zu der einen Kategorie — und zwar gehören diese ohne Zweifel der ältesten Zeit an — rechnen wir die Curionen[3]). Dieselben sind ohne Zweifel, wie alle Priester und Beamten, vom Könige ernannt, aber sie sind auf Lebenszeit ernannt, und sie sind sacral.

---

1) Cic. rep. V, 2, 3.
2) Von Tarq. Superbus berichtet Liv. I, 49, er habe in Capitalsachen *sine consiliis per se* entschieden, und dies galt als ungebührlich.
3) Auch die Tribunen könnten hierher gezählt werden, von denen unten (p. 102 ff) die Rede ist.

Sie vereinigen eben noch in derselben Weise magistratuale und priesterliche Natur, wie das Königtbum selbst. Gewisse Functionen auf obrigkeitlichem, militärischem, priesterlichem Gebiete müssen ihnen zugestanden haben. Wie weit dieselben nun auch reichen mochten, oder wie gering sie waren, die Nothwendigkeit ihrer Ernennung selbst, ja ihre Existenz ist eine Schranke: sie sind eben ein Theil der sacralen Verfassung. Anders steht es vielleicht mit den übrigen Beamten. Die *duoviri perduellionis* und die *quaestores parricidii* (wenn letztere überhaupt aus königlicher Zeit stammen) sind Diener des Königs, deren Bestellung und Beseitigung völlig in seiner Hand lag.

Von der obrigkeitlichen Gewalt im Frieden ist die obrigkeitliche Gewalt im Kriege nicht geschieden, wie wahrscheinlich auch ursprünglich der *populus*, als die Gesammtheit der Männer, das Heer bildete.[1]) Aber allmählich sonderte sich vom *populus* ein besonderes Heer, die *legio*. Es ward innerhalb jeder Curie eine Decurie von Reitern und eine Centurie von Fussgängern gebildet. Und wie sich so das Heer vom *populus* schied, so sonderten sich auch — gleichzeitig oder später — die Gehülfen des Königs im militärischen Regiment von den Gehülfen desselben im bürgerlichen Regiment. Ob die Curionen jemals Anführer des geordneten, vom *populus* ausgesonderten, Heeres gewesen sind, ist sehr zweifelhaft[2]): an ihre Stelle treten beliebig ernannte Centurionen für die Fussgänger, Decurionen für die Reiter, und damit läge eine Competenzbeschränkung jener ebenfalls anfangs allseitig aufzufassenden Würde vor.[3]) Die Reiterdecurien desselben Stammes wurden zu Centurien vereint. Sie erhielten als *centuriae celerum* sacrale Weihe[4]), so dass sie fortan dem Könige unantastbar waren und eine neue Schranke seiner Machtbefugniss bildeten.

Zum Schlusse wenige Worte über die sacralen Befugnisse des Königs. Dass sich dieselben von den übrigen ungetrennt in ihm vereinten, dass ihm in dieser Hinsicht die *regina*, vielleicht auch die Kinder zur Seite standen, ist schon gesagt[5]). Aber gerade der Gedanke eines berufsmässigen Priesterthums hat sich bei indogermanischen Völkern und so auch bei den Römern schon zeitig gebildet. Und zwar ist es zunächst ein Opferpriesterthum, *flaminium*, welches gleichsam aus der allgemein menschlichen, aus der königlichväterlichen Berechtigung und Verpflichtung mit den Göttern zu

---

1) Carm. Saliar. ap. Fest. p. 205 *pilumnoe poploe* von den Römern gesagt.
2) So bekanntlich Dion. II, 7, der die Curienvorsteher φρατρίαρχοι καὶ λοχαγοί nennt.
3) Ueber das umgekehrte Verhältniss bei den Tribunen vergleiche p. 104.
4) Dion. II, 64, wo als dritte sacrale Institution des Numa die ἡγεμόνες τῶν κελερίων angeführt werden.
5) Cf. p. 46.

verkehren, emanirte. Sehr richtig lautet die Ueberlieferung.¹) Damit der Dienst mit ganzer Sorgfalt, ohne Unterbrechung verrichtet werde, so werden einzelnen Gottheiten besondere Opferpriester bestellt. Zunächst Einzelnpriester. Solche sind die *flamines* des Jupiter, Mars, Quirinus und andere. Sie nehmen für den König stellvertretend besondere Functionen auf sich.²) *Flaminicae, camilli* und *camillae* stehen ihnen zur Seite.³) Damit ist indess die priesterliche Qualität des Königs nicht aufgehoben; er behält seine Function im Namen der Gesammtheit und für alle Götter. Gerade dem ältesten und resp. vornehmsten latinischen Gotte, dem Janus, ist ein besonderer *flamen* nicht bestellt⁴), vielleicht, weil dieser Gottesbegriff zu wenig persönlich sich gestaltete und mit dem des Jupiter vielfach verschmolz. Indess verblieb er doch in gewissem Sinne in seinem Rechte. Als desshalb der *rex* blosser Opferkönig wurde, so knüpfte sich vielleicht, weil er einer Einzelgottheit nicht angehörte, was doch zum Wesen des Opferpriesterthums gehörte, sein *sacerdotium* an die Gottheit des Janus, des ältesten und vornehmsten an.⁵) Wenigstens erläuterte man seine Stellung im *ordo sacerdotum* aus dieser Beziehung.⁶) — Andern Gottheiten wurden mehrere Personen zum besonderen Dienst gegeben. Wir wollen nur Salier und Vestalinnen hervorheben. Erstere vertreten offenbar die männliche Jugend⁷), man könnte sagen die Söhne des Königs, worauf ihre Einsetzung im jugendlichen Alter, ihr kriegerischer und prächtiger Aufzug⁸), ihre Tänze, das besondere Verhältniss der Jugend zum Mars hinweisen dürften. Bei einem Feste gesellen sich ihnen auch *Saliae virgines*⁹), und zwar findet gerade dieses *sacrificium* in der *regia* statt, was an die Königstöchter erinnern könnte. Die wahren Töchter der Staatsfamilie sind aber die *virgines Vestales*, die Hüterinnen des Heerdfeuers. Auch ihre Function wird als sorgfältigere, fortgeschrittenere Ausbildung derjenigen Functionen gelten, welche naturgemäss, wie die Töchter im Hause, so die Königstöchter im Staate verrichteten.¹⁰) Die bisher genannten *sacerdotia publica*, zu denen noch einige andere gefügt werden können, sind gottesdienstlicher

---

1) Liv. I, 20. Numa versieht selbst auch die meisten Priesterthümer, besonders das Amt des höchsten *flamen;* aber für die Zukunft bestellt er besondere Priester.

2) Liv. I, 20, 2 *ne sacra regiae vicis desererentur.*

3) S. Becker Marq., R. A. IV, p. 274 f. 177 ff.

4) Becker, R. A. IV, p. 25 f.

5) Ovid Fast. I, 318. 333.

6) Festus p. 185.

7) Dion. II, 70 ἐπιλεξάμενος νέους — ἀμφιθαλεῖς.

8) Vgl. Becker IV, p. 374.

9) Fest. p. 329.

10) So Becker IV, p. 245 und sonst. Dafür spricht besonders die Stellung zum *pontifex maximus*, der an Stelle des *rex* getreten ist, die Lage des Vestatempels bei der *regia* und anderes.

Art; es sind besonders eingerichtete Aemter zur Verrichtung von Opferhandlungen oder sonstiger gottesdienstlicher Functionen, welche im Princip dem Könige als Haupt und Repräsentanten der Gemeinde den Göttern gegenüber obliegen. Davon sind nun verschieden andere *sacerdotia*, welche ebenfalls schon aus königlicher Zeit stammen, die nicht bestellt sind, um besondern Göttern zu dienen, sondern weil sie eine bestimmte sacrale Weisheit besitzen und pflegen sollen. Solche sind die *pontifices, augures* und *fetiales.* Von vornehmer Abstammung, aber aus solchen entnommen, welche eine bestimmte Kenntniss besitzen oder erwerben sollen, sind sie in bestimmter Zahl öffentlich bestellt[1]), weil der Staat ihrer Wissenschaft bedarf. Es ist bei den Fetialen die Kunde der Bräuche des Kriegs- und Bündnissrechts, bei den Augurn der Vögelflug, bei den *pontifices,* was auch die ursprüngliche Bedeutung ihres Namens und ihrer Wissenschaft gewesen sein mag, das ganze Sacralrecht. Irrig würde es sein, diese Functionen ebenfalls mit dem sacralen Charakter des Königthums in Berührung zu bringen, irrig ist aber auch die Meinung, dass der König als solcher (*ex officio*) erstes Mitglied eines dieser Collegien gewesen sei.[2]) Sie standen ihm nur mit ihrer Kunst zu Dienste, wo er ihrer bedurfte. Ein *pontifex maximus* aber hat unter dem Königthum keinen Platz.[3])

Dass aber dem Könige die Bestellung aller dieser Priesterthümer zustand, kann kaum einem Zweifel unterliegen. Von einem Theil wird es berichtet, gewiss ist es ferner von denen, deren Besetzung später dem Oberpriester zukam.[4]) Wenn die wichtigsten Collegien, wie *pontifices* und *augures,* späterhin durch Cooptation besetzt wurden, so ergiebt sich dies als eine Neuerung, wie sie bei Beseitigung des Königthums wegen der grossen Bedeutung, welche man diesen Collegien einräumen wollte, wegen der hervorragenden Stellung, welche der *pontifex* erhielt, fast mit Nothwendigkeit eintreten musste. So lange das Königthum bestand, besass der König auch auf sacralem Gebiet Ernennungsrecht, Jurisdiction, kurz alle Rechte, welche im *pontifex maximus* durch die Collegialität, durch die hervorragende Rangstellung des *rex sacrorum* nur noch sehr abgeschwächt vorhanden sind.

Wir versuchen zum Schluss das gesammte Wesen des patricischen Staates in kurzen Worten zu bezeichnen: Die römisch-patricische Verfassung will die naturgemässe und unter besonderem göttlichen Schutze entstandene und bestehende, daher ewige und auch unveränderliche Staatsordnung sein. Grundlage ist die Familie, die natürliche Verbindung, in der das Menschen-

---

1) Cf. p. 99 ff.
2) Anders allerdings Plut. Num. 9 und neuere Gelehrte.
3) Dies ist meist anerkannt, vgl. Becker-Marq. IV, p. 189; Mommsen, St.-R. II, 18 u. s. w.
4) Mommsen, St.-R. II, p. 22 f.

geschlecht sich entwickelt, und zwar in eigenthümlicher, scharf ausgeprägter Form.

· Das Gemeinwesen dient desshalb erstens der Familie zu Schutz und Pflege. Insofern erscheint die Familie in Rom in der besonderen (unter göttlichem Schutze vereinbarten und ihm empfohlenen) Form als *gens,* welche ausser der natürlichen Familie des *pater,* der *mater* und ihrer Descendenz die Agnaten, die *sui iuris* sind, als *gentiles* enthält, und welcher sich die *clientes* als solche, die sich ihrer Selbständigkeit zu Gunsten des Gentilhaupts als ihres *patronus* begeben haben, anschliessen. Ihre Pflege und Beaufsichtigung übt das Staatsinstitut der *curiae.*

Das Gemeinwesen ist aber zweitens als Ganzes Nachbildung der Familie. Der Stellung und Gewalt des *pater* in der Familie ist der *rex* im Staate möglichst analog. Seine Gewalt soll ebenfalls als die natürliche, von der Gottheit bestätigte erscheinen. Desshalb war sie erblich. Desshalb wurde, wenn der Zufall die Continuität der natürlichen Erbfolge löste, diese Continuität durch das *interregnum* der *patres* möglichst hergestellt; desshalb wurde sie nach Befragung der Götter durch die *patrum auctoritas* als rechtmässig anerkannt. Beides charakterisirt sie als die Summe der väterlichen Gewalten, die väterliche Gewalt als das Vorbild der königlichen Gewalt. Wenn hierdurch die königliche Gewalt als die natürliche, göttlicher Ordnung entstammende erscheinen will, so ist sie anderseits doch zugleich eine willkürlich und menschlich vereinbarte. Denn diejenigen, welche *in patria potestate* oder *in clientela* lebten, waren doch nur dem eignen *pater,* resp. *patronus* zu gehorsamen verpflichtet, nicht einem fremden, die andern aber waren *sui iuris.* Also gaben sich alle jenem gemeinsamen Haupte in freiwilligen Gehorsam und in ein gleichmässiges Abhängigkeitsverhältniss. Darauf beruht das Recht der Gesammtheit, des *populus.* War die Person des Königs durch die Erbfolge bestimmt, so besass er zwar von vornherein nach göttlicher Fügung das Recht auf das Königthum; aber das Volk hatte durch Annahme der *lex de imperio* die Bereitwilligkeit des Gehorsams zu erklären. War die Person des Königs erst zu bestimmen, so stand dem *populus* das Recht zu, zunächst die Person selbst nach freiem Willen zu nehmen oder abzulehnen, sodann ihr *imperium* anzuerkennen. Weil aber die Macht des Königs nicht blos natürlich, sondern zugleich menschlich vereinbart war, so wurde sie — ungleich dem ungeschriebenen Recht der *patria potestas* — durch eine zwar nicht geschriebene, aber gesprochene Formel (*lex*) normirt. So war die königliche Macht zugleich natürliche und menschlich-willkürliche Institution. In jener Hinsicht galt der Götterwille, in dieser der Wille des *populus* als Quelle. Wie es innerhalb der *gens* für recht und billig galt, dass der *pater* die selbständigen Gentilen um Rath fragte (wie innerhalb der Curie ein Rath aller selbständigen Patricier bestand), so galt es als recht und billig, dass der König den *senatus*, d. h. die von ihm erwählten *patres gentium* zu Rathe zog.

Dies war die patricische Staatsordnung. Wenn nun dieses Staatswesen als unveränderlich gedacht war, so ist es dies nicht geblieben. Aber eben, weil es so gedacht war, so war jede Aenderung eine Art Neuconstituirung. Dieselbe war möglich, wenn die Götter, der König, die *patres* (im Senate), der *populus* sie wollten. Der König allein besass die Initiative als alleiniger Inhaber der Macht. Der *populus* hatte die Entscheidung, soweit sie im menschlichen Willen lag. In einer Formel (*lex*) wurde die Neuerung vom Könige an das Volk gebracht, und konnte einfach angenommen oder abgelehnt werden. Aber ob der Vorgang ordnungsmässig, d. h. nach den bestehenden Einrichtungen geschehen, ob ferner die Götter die nothwendige Einwilligung gewährt hatten, darüber entschieden die *patres*, welche die *lex*, allerdings nur auf die gedachten formellen Gründe hin, nicht nach eigenwilligem, materiellem Ermessen, bestätigen oder verwerfen konnten. In dieser Weise lag eine gesetzmässige Umgestaltung der Staatsordnung in der Möglichkeit.

Die ganze Staatseinrichtung galt als sacral; sie war von den Göttern gut geheissen und ihnen geweiht.

IV. Die Stämme.

Wir haben bis jetzt den Populus des patricischen Roms in seinen 30 Curien betrachtet, wie er sich bald als einen einheitlichen herausgebildet hatte; doch war er dies nicht ursprünglich, sondern er war, wie bereits kurz erwähnt, aus drei Theilen oder Tribus vereint. Wir werden nun der Frage nicht ganz ausweichen können, was sich aus den dürftigen Spuren von solchen ehemaligen Theilen für unseren Gegenstand etwa noch gewinnen lässt.

Zunächst ist das Wesen der *tribus* in Betracht zu ziehen. Die etymologische Erklärung als „Dreistamm" aus *tri-* und *bu-* = *fu-* (umbrisch *trifu*), φυ-, *bhu-* darf wohl als sicher gelten.[1]) Sie passt völlig zu dem, was sich aus dem Wesen der Sache ergiebt. Abgesehen von dem specielleren Merkmale der Dreizahl ist in der Sache das lateinische *tribus* dem griechischen φυλή völlig analog. Nicht nur dient den Alten jenes griechische Wort stets zur Bezeichnung des römischen Begriffs: die Entwicklung sogar, welche die attische Phyle und die römische Tribus genommen hat, die Uebertragung des Wortes von dem Volksstamm auf den geographischen Bezirk, ist durchaus dieselbe.

Wie die Phyle, so ist die Tribus der Idee nach der natürlich gewachsene Volksstamm innerhalb eines Verbandes von solchen Stämmen. Desshalb liegt eine bestimmte Zahl zunächst nicht im Begriff, sondern die Zahl der Stämme ergiebt sich aus den vorhandenen natürlichen Verhältnissen. Daher ist denn auch die Zahl der Phylen bei verschiedenen Völkern verschieden und nicht unveränderlich. Wenn trotzdem die Zahl von drei Stämmen bei den Doriern, von vier Stämmen bei den Joniern herrschend ist, so ergiebt sich daraus, dass zu dem ursprünglichen Begriff ein anderer hinzugetreten ist, welcher aus einer gewissen Doctrin entstammt, die gerade so viel Stämme als die rechte Zahl anerkennt. Das römische Wort *tribus* schloss nun diesen hinzugetretenen Begriff den factischen Verhältnissen entsprechend ein. Es bleibt aber immerhin sehr begreiflich, dass dieser hinzugetretene Begriff nachher doch wiederum geschwunden ist; sodass man an eine Vermehrung der Tribus denken und diesen Ausdruck auf eine grössere Zahl von Theilkörpern anwenden konnte.

---

1) Pott, Etym. F. I, 111; II, 441. Corssen, Nachtr. p. 203.

Am besten erkennen wir das Wesen der römischen Stammtribus, wenn wir sie mit den Begriffen *populus, curia, gens* in die Reihe stellen. *Gens* ist das natürliche Geschlecht, daher die Zahl der *gentes* durch die Verhältnisse (empirisch) gegeben, an sich gleichgültig und veränderlich. Eine beliebige Anzahl umschliesst die *curia*, d. h. der künstliche Körper, der desshalb in (doctrinär) bestimmter Zahl (10), die fortan als unveränderlich und mit dem Begriffe verbunden betrachtet wird, constituirt ist und zwar innerhalb der *tribus*. Die *tribus* ist wiederum der natürliche Stamm, der natürliche Theil innerhalb eines mehrtheiligen Ganzen; daher ist die Zahl der Tribus zunächst wiederum gegeben und von den Verhältnissen abhängig. Man hat für gut befunden, eine beliebte Zahl (3) von natürlichen Stämmen, sei es, dass wirklich soviel da waren, sei es, dass man soviel dafür gelten lassen konnte, in die politische Einheit aufzunehmen und zum *populus* zu verbinden. Dieser Auffassung, nach welcher *tribus* und *gens* die natürlichen, *populus* und *curia* die künstlichen Vereinigungen sind, entsprechen die Einzelnamen. Die Angehörigen der *tribus* werden als Stammgenossen Ramnes, Tities, Luceres genannt.[1]) Ebenso heissen die Geschlechtsgenossen Cornelii, Fabii, Aemilii u. s. w. Dies sind Benennungen, welche eine innere Verwandtschaft der Genossen ausdrücken wollen. Dagegen haben die *curiae* Namen (Veliensis, Velitia, Rapta, Foriensis, Faucia u. s. w.), welche wenigstens grösstentheils von Oertlichkeiten[2]) entnommen, nur das Ganze in adjectivischer Form bezeichneten und eine Ableitung zur Bezeichnung der Angehörigen wohl kaum oder gar nicht bilden liessen. Und der *populus Romanus* entnimmt seine Benennung ebenfalls adjectivisch von dem Ort, ohne dass dieselbe jemals die volle Kraft eines substantivischen Volks- und Stammnamens erhalten hat, denn die Römer hiessen nicht *Romani*, sondern *populus . Romanus*, der einzelne nicht *Romanus*, sondern *Quiris*. So konnten desshalb zwar die Römer immerhin wieder als eine innere Einheit angesehen werden, was in ihrem Namen *Quirites* ausgedrückt liegt, aber zunächst waren sie die Vereinigung von drei solchen natürlichen Einheiten, welche die *tribus* bildeten. Während also die Curien künstliche Theile einer gleichartigen Masse waren, so haben wir in den Tribus die natürlichen Theile einer ungleichartigen Masse zu erkennen.

Was sich nun aus dem Begriff der *tribus* ergiebt, findet denn auch in sonstigen Gründen hinreichende Bestätigung. Desshalb ist von den Neueren meist anerkannt worden, dass die römischen Tribus verschiedener Nationalität gewesen seien.[3]) Ziemlich allgemein gelten

1) Dagegen besassen die Angehörigen der späteren Bezirkstribus keine entsprechende Benennung, sondern wurden mit dem Ablativ des lokalen Tribusnamens bezeichnet. Z. B. *M. Larcius L. f. Pomptina Pudens.*

2) Vgl. Plut. Rom. 20. πολλαὶ γὰρ (von den φυλαί) ἀπὸ χωρίων ἔχουσι τὰς προσηγορίας.

3) Anders Mommsen, R. G. 1, p. 55.

die Ramnes als latinisch, die Tities als sabinisch; über die Luceres sind die Meinungen getheilt.

Es wird in der gesammten Tradition einmüthig berichtet und durch zahlreiche Merkmale bestätigt, dass zu der bereits bestehenden römischen, d. h. latinischen Gemeinde auf dem *mons Palatinus* ein sabinischer Stamm hinzugetreten ist, der sich auf den *colles*, insbesondere auf dem *Quirinalis*, ansiedelte.

Es entsteht nun die Frage, ob erst durch die Zuwanderung der Sabiner ein mehrtheiliges Rom entstanden ist, oder ob erst nach Vollendung der dreitheiligen Gemeinde die Sabiner hinzugetreten und auf die Tribus vertheilt sind.

Was die Tradition anlangt, so lässt Dionysius[1]) die Bildung der 30 Curien, also drei Tribus, vor der Einwanderung der Sabiner erfolgen. Dies beweist aber gar nichts; denn er verfolgte eben nur die Idee, aus dem Geiste des Gründerkönigs die ganze römische Verfassung als ein vollendetes Werk in einem Momente hervorgehen zu lassen.

Viel naturgemässer ist es aber, da doch einmal die *tribus* ihren Grund und ersten Anstoss in irgendwelcher Stammverschiedenheit haben muss, diese Einrichtung auf denjenigen Anschluss eines stammfremden Elementes zurückzuführen, von dem wir völlig sichere Nachricht haben. So lässt denn auch Livius[2]), ohne sich an die Schwierigkeiten dieser Annahme zu stossen oder sie zu lösen, zugleich mit dem Anschluss der Sabiner die 30 Curien (also 3 Tribus) entstehen. Diese Annahme wird aber durch mancherlei Umstände bestätigt.

Zunächst ist es auffallend, dass gerade von denjenigen Einrichtungen, welche mit der Dreitheiligkeit Roms zusammenhängen, von den Tribus, von irgendwelchen Tribunen, von den Curien selbst, in den Latinerstädten keine Spur vorhanden ist. So sicher Rom mit den übrigen Latinerstädten die Zehnzahl als eine regelrechte in allen politischen Einrichtungen theilt, so scheint dagegen die damit verbundene Dreizahl im inneren Staatsorganismus als eine römische Eigenheit gelten zu müssen.[3]) Dagegen hat auch das Wort *tribus* wenigstens im Umbrischen (*trefo*), dem doch der sabinische Dialect[4]) näher steht, eine Beziehung. Schutzgöttin des Curieninstituts war *Iuno Curitis*, die sabinische Göttin, welche von dem sabinischen *curis*, „Lanze", (vergl. *Quiris, Cures*) benannt ist. Die Namen der einzelnen Curien sollen von den geraubten Sabinerinnen, den *pacis*

---

1) II, 7.
2) I, 13, 6.
3) Man vergleiche die Zahlen der Colonisten, welche in die Bürgercolonien und in die latinischen Colonien geschickt zu werden pflegen. Nur bei jenen herrscht das Dreizahlensystem, bei diesen nicht. Allerdings könnte man die Zahl der 30 Latinerstädte im entgegengesetzten Sinne anführen. Indess wer kann wissen, ob diese Zahl selbst nicht auf römischen Einfluss zurückgeführt werden muss?
4) Vgl. Schwegler I, p. 179f. Paul. Diac. p. 49.

oratrices[1]), herstammen. Aus solchen Andeutungen ist man denn nicht ohne Grund geneigt gewesen, das ganze Curieninstitut dem sabinischen Einflusse zuzuschreiben[2]) und damit auch die Entstehung der *tribus* an den Anschluss der sabinischen Einwanderer zu knüpfen. Aehnliches lehrt die Topographie der Stadt. Rom beschränkte sich zunächst auf den *mons Palatinus*[3]) und hat allmähliche Erweiterung erfahren, indem zuerst die anliegenden Berge, hernach die Thäler dazwischen bebaut wurden. Es ist nun gewiss das Natürliche, die Erweiterung der Stadt mit der Erweiterung der eintheiligen Gemeinde zur dreitheiligen in Verbindung zu bringen.

Ist es nicht auch zuviel, die 3 Tribus, die 30 Curien, und damit auch das dreitheilige Heer von mindestens 3000 Fussgängern und 300 Reitern nebst der dazu vorauszusetzenden freien und unfreien Bevölkerung auf die *Roma quadrata* zwängen zu wollen, auch wenn man die Stadt nur für ein *receptaculum* im Kriege halten wollte? Und durfte man die Stadt der organisirten Curiengemeinde noch für einen blossen Zufluchtsort ansehen? Von einem *forum* aber, ja von Tempeln der ältesten Zeit wissen wir, abgesehen vom Heiligthum des Mars, in welchem die *ancilia* bewahrt wurden[4]), auf dem palatinischen Berge nichts.

Dagegen ist uns als Sitz der Sabiner der *collis Quirinalis* bekannt[5]), der eine nicht geringere Fläche bieten mochte als der *Palatinus*. Andere alte Wohnsitze, ja gleichsam eine eigne Stadt, dürfen wir mit gutem Grunde auf dem Westausläufer des *Esquilinus*, dem *mons Fagutalis* (den späteren *Carinae*) annehmen.[6]) Dazu kam dann noch der *Caelius*. Sollten alle diese Erweiterungen erst erfolgt sein, als schon das dreitheilige Rom mit seinem starken Kriegsaufgebote bestand? In der Mitte dieser Hügel, auf der vierten Seite vom *mons Saturnius*, dem späteren *Capitolinus*, der entweder ebenfalls den Sabinern gehörte[7]) oder gemeinsam war, eingeschlossen, lagen *forum, comitium, curia Hostilia* (das Senatshaus), sowie die *regia* sammt dem Penaten- und Vestatempel. Wer würde hiernach nicht annehmen, dass in angedeuteter Weise die Wohnsitze der Tribus, resp. der Curien einstmals den Mittelpunkt der Stadt auf drei Seiten umschlossen? Eine der Curien hiess *Foriensis* und zwar eine solche, welche mit der *Veliensis* und *Velitia* zusammen genannt wird. Sollte ihr Name nicht zum *forum* in Beziehung stehen, wie jene andern Namen zur *Velia*? Gab es aber ein *forum*, oder ist das *forum*

---

1) Liv. I, 13; Cic. rep. II, 8, 14; Dion. 47 u. s. w.
2) Schömann, diss. de Tull. Host. p. 10 f. Ihne, Forsch. p. 34.
3) Schwegler I, 482; Mommsen, R. G. I, p. 49 f.
4) Daher *Salii Palatini* s. Becker-Marquardt IV, p. 369 f.
5) Vgl. Schwegler I, p. 480 und die Stellen daselbst Anm. 10.
6) Varro l. l. V, 48 erwähnt eine *antiqua urbs* und V, 8 einen *murus terreus Carinarum*, unter welchem die *Subura* lag.
7) So Liv. I, 33, 9.

an jenem Orte denkbar, bevor auch die dem *Palatinus* gegenüber-
liegende Seite zur Stadt gehörte, bevor der *Quirinalis* von den Sabinern bewohnt war?[1])
    Hierzu kommt die Angabe Varros[2]), dass die Gebiete der Cu-
rien, resp. Tribus ehemals zusammenlagen. Man wird dies nicht
blos auf den *ager*, sondern auch auf das Stadtgebiet beziehen müssen.
Dass noch in varronischer Zeit Kenntniss vorhanden sein konnte von
der Lage der ursprünglichen Stammsitze und Stammgüter mancher patricischen Geschlechter, wird sich schwerlich bestreiten lassen. Da
nun aber die sabinischen Römer den *Quirinalis* und die übrigen sogenannten *colles* besessen haben sollen, so werden sie zusammen
auch zu einer Tribus gehört haben. Nur in dieser Weise ist Varros
Angabe erklärlich. Hätte übrigens die Vermessung und Vertheilung
vor dem Einfall der Sabiner stattgefunden, so würde jenes System
durch dieselben, sowohl durch ihre Eroberung als durch ihren Anschluss, zerrissen worden sein. Daher kann den zum Theil lokal
genannten Curien erst nach dem Einfall der Sabiner das Gebiet vertheilt worden sein, wodurch die Entstehung dieser Curien selbst in
diese Zeit verwiesen wird.
    Ein gewichtiger Beweis aber für die hier vertretene Ansicht
ist aus dem deutlich hervortretenden Wettkampf, oder sagen wir
lieber aus der lange sich conservirenden Eigenart des sabinischen
Elements in der lateinischen Römerstadt herzuleiten. Dieser Unterschied, diese Eigenart konnte sich auch nicht einmal kurze Zeit
halten, wenn eine Mischung der älteren (lateinischen) und der zugewanderten (sabinischen) Bevölkerung innerhalb der Curien stattgefunden hatte, wenn nicht die Scheidung nach Tribus die Gegensätze unterstützte. Bedenken wir den festen Organismus der Curie,
ihre Aufsicht über Ehe und Familie, d. h. diejenigen Institute, in
denen sich die angestammte Sitte am deutlichsten markirt, ihre
Geschlossenheit in politischer Hinsicht, indem sie eine Gesammtstimme führt, ihre Vereinigung im Heere, bedenken wir, wie schnell
späterhin eben das Curieninstitut die Gegensätze der älteren und
jüngeren Geschlechter verwischte, so erkennen wir, dass ein Gegensatz
des lateinischen und sabinischen Elements sich nur halten konnte,
weil er auf den Gegensatz zweier Tribus sich stützte, weil je 10
Curien eine selbständige abgeschlossene Einheit bildeten und eine
Zeit lang einander bis zu einem gewissen Punkte fremd gegenüber-
standen.
    Einiges Licht auf diese Verhältnisse wirft eine neue Prüfung
der wichtigsten römischen Institutionen.

---

1) Tac. ann. XII, 24 *forum Romanum et Capitolium non a Romulo,
sed a T. Tatio additum urbi credidere.*
2) l. l. V, 55: *ager Romanus primum divisus in partes tres, a quo
tribus appellata Tatiensium, Ramnium, Lucerum.* Cf. Dion. II, 7.

Der Begriff der Stadt ($\pi\acute{o}\lambda\iota\varsigma$) ist, wie hinreichend bezeugt, latinisch, aber nicht sabinisch. Das latinische *urbs* bezeichnet wahrscheinlich zunächst den Ring[1]), dann aber die umschlossene bewohnte Sta dt. Es wird ausdrücklich berichtet, dass die Latiner feste Städte ($\pi\acute{o}\lambda\epsilon\iota\varsigma$, *urbes*)[2]) gehabt hätten, dass dagegen die Sabiner hochliegende Orte (*capitolia?*) ohne Mauern bewohnt hätten.[3]) Schon das palatinische Rom ist eine *urbs*. Als solche kennzeichnet es die Geschlossenheit der Befestigung, wie sie auch gewesen sein mag, und der Begriff des *pomerium*.[4]) Letzterer lässt nicht zu, dass wir in der *urbs* nur ein *receptaculum* im Falle des Krieges sehen (das ist vielleicht die älteste *arx*, die ausserhalb der *urbs* lag, wie später ebenfalls die *arx Ianiculensis*), sondern er bezeichnet durch die ihm anhaftende Weihe die Heimath des Volkes, also auch den Hauptwohnort desselben oder wenigstens seines Kerns. Andrerseits ist von einer ummauerten Stadt auf dem *Quirinalis* mit einem gesonderten *pomerium* nichts bekannt. Wohl aber besass der *Quirinalis* ein älteres *capitolium*[5]), wie die palatinische Stadt ein solches niemals besessen hat, was uns die Vermuthung nahe legt, dass in demselben eine sabinische Eigenthümlichkeit, das Centrum der sabinischen Ansiedlung, zu erkennen ist. So war es auch verfehlt, einen einst gültigen Stadtnamen für den Sabinerort construiren zu wollen. Nur das palatinische Rom hatte, wie die übrigen *urbes* der Latiner bereits seinen festen Namen, der wie der Begriff der *urbs* und des *pomerium* auf die Ansiedelung der Sabiner, weil ihr eigentliche Stadtcharakter und Stadtname fehlte, überging und sie fortan mit umschloss.

Mit dem latinischen Begriff der *urbs* ($\pi\acute{o}\lambda\iota\varsigma$) hängt der des *populus* fest zusammen, denn jede latinische *urbs* bildete einen *populus,* hörte auf *urbs* zu sein, wenn ihre Bürgerschaft aufhörte selbständiger *populus* zu sein.[6]) So ist die Bewohnerschaft der palatinischen *Roma* der älteste *populus Romanus*. Anders die sabinischen Völkerschaften. Dass auf sie der Begriff des *populus*, ebenso wie der Begriff $\pi\acute{o}\lambda\iota\varsigma$, selten angewandt zu werden pflegte, dass er ihnen eigentlich nicht zuzukommen scheint, ist schon oben angedeutet worden. So werden denn auch die sabinischen Völkerschaften nicht nach Ortsnamen, wie alle latinischen *populi*, sondern mit eigenthümlichen Stammnamen bezeichnet, als *Caudini, Hirpini, Marsi* u. s. w. Auch die Ansiedler auf dem *Quirinalis* sind wohl niemals ein *populus*

1) Varro l. l. V, 143.
2) $\tau\rho\iota\acute{\alpha}\varkappa o\nu\tau\alpha$ $\pi\acute{o}\lambda\epsilon\iota\varsigma$ Dion. III, 34.
3) Plut. Rom. 16 $\varkappa\acute{\omega}\mu\alpha\varsigma$ $\mathring{\omega}\varkappa o\nu\nu$ $\mathring{\alpha}\tau\epsilon\iota\chi\acute{\iota}\sigma\tau o\nu\varsigma$. Strabo V, 3, 1 $\varkappa\acute{\omega}\mu\alpha\iota$ $\mu\tilde{\alpha}\lambda\lambda o\nu$ $\mathring{\eta}$ $\pi\acute{o}\lambda\epsilon\iota\varsigma$. Liv. IX, 13 *in montibus vicatim habitantes* von den Samniten; ebenso Dion. I, 9 $\dot{\epsilon}\pi\grave{\iota}$ $\tauο\tilde{\iota}\varsigma$ $\mathring{o}\rho\epsilon\sigma\iota\nu$ $\mathring{\omega}\varkappa o\nu\nu$ $\mathring{\alpha}\nu\epsilon\upsilon$ $\tau\epsilon\iota\chi\tilde{\omega}\nu$ $\varkappa\omega\mu\eta\delta\acute{o}\nu$.
4) Gell. XIII, 14, 2.
5) Varro V, 158.
6) Alle latinischen *populi* sind nach Städten genannt. S. das Verzeichniss bei Dion. V, 61.

gewesen, sondern wurden eben erst dem *populus Romanus* eingefügt. Ihr alter Name war vermuthlich *Quirites.*

Es wird berichtet[1]), dass es Geschlechter mit ihren Clienten waren, welche den palatinischen Römern ein Stück ihres ursprünglichen Gebietes abtrotzten. Wie wenig auch auf diese Nachricht zu geben ist, so wissen wir doch, dass bei den Sabinern, wie auch bei der Bevölkerung Etruriens eine Art Clientel überall verbreitet war, dass insbesondere bei den Sabinern eine Gentilität und Clientel bestand, welche der römischen völlig entsprach. Dies ergiebt sich aus dem Berichte über das Attentat des App. Herdonius[2]) und besonders über die Aufnahme der *gens Claudia* mit ihren Clienten[3]), welche den römischen Geschlechtern durchaus gleichartig erscheint. Dem entgegen ist bei den Latinern von einem Clientelverhältniss nichts zu finden, und innerhalb der römischen *plebs,* welche aus latinischen Volkselementen hervorgegangen ist, hat es weder eine Clientel, noch eine der patricischen ähnliche Gentilität jemals gegeben. Desshalb liegt es sehr nahe, die patricische Gentilität und Clientel ihrem Ursprunge nach sabinischen Einflüssen zuzuschreiben und anzunehmen, dass sie dem ältesten palatinischen Rom in dieser Form wenigstens fremd gewesen sei.

Dem palatinischen Rom eigenthümlich ist dagegen der *senatus,* während dagegen von einem wirklichen Senate der Sabiner die Tradition nichts weiss und den ganzen Umständen nach nichts berichten kann. Denn der lose Verband von Häuptlingen, die mit ihren Gefolgsleuten sich zu einer kriegerischen Unternehmung zusammenthun, ist sehr verschieden von dem Rathe der Alten in der palatinischen Stadt. Letzterer erscheint in streng bestimmter Zahl von 100 Mitgliedern.[4]) Eine Spur deutet an, dass sie ursprünglich in 10 Decurien zerfielen.[5]) Wir haben also die latinische Zehnzahl, und wenn uns hier auch die Tradition im Stich lässt, so ist es doch wohl wahrscheinlicher, dass in den latinischen Städten, welchen wir doch auch das älteste Rom in gewissem Sinne zurechnen müssen, Rathsversammlungen von geschlossener, nach dem Zehnzahlensystem bestimmter Mitgliederzahl bestanden haben[6]), als dass diese Einrichtung dem palatinischen Rom ganz eigenthümlich gewesen wäre.

Einen *rex* soll endlich das palatinische Rom von Anbeginn gehabt haben, und auch bei den Latinern sind *reges* nachweislich und ursprünglich überall anzunehmen. Nun wird allerdings auch der Führer der Sabiner in der Tradition als *rex* bezeichnet. Aber ab-

---

1) Dion. II, 46.
2) Dion. X, 14.
3) Liv. II, 16; Plut. Popl. 21; Dion. V, 40.
4) Schon Liv. I, 8.
5) Liv. I, 17 und die andern Berichte über das Interregnum.
6) Die *decem principes* bei Liv. VIII, 3, 8 bieten einen wenig genügenden Anhalt.

gesehen von dieser Benennung, die ihm bisweilen gegeben wird, die aber schon daher erklärlich wäre, dass er nachher in Rom König gewesen sein soll, fehlen ihm alle Eigenschaften, welche ein wirkliches Staatsoberhaupt kennzeichnen. Denn war T. Tatius wirklicher König von Cures und des Volkes von Cures, so wäre er es doch auch geblieben, als er neben Romulus herrschte. Er scheint aber in der That mit den Seinen von Cures losgelöst, sodass er zunächst nur als kriegerischer Führer seiner Schaar gelten kann, der höchstens erst durch Gründung eines neuen Sitzes Staatsoberhaupt werden konnte. Auch wird er nach der Tradition[1]) erst für diesen Krieg zum Anführer der vereinten Sabiner erwählt. Dass seine Würde den Charakter eines gesetzmässigen Königthums ursprünglich nicht hatte, deutet die Tradition auch dadurch an, dass sie dieses Nebenkönigthum dem einen echten Königthum schnell wieder weichen lässt. Aber es bedarf ja überhaupt wohl keines Beweises, dass den sabellischen Völkern der Begriff eines streng politischen Königthums, wie wir es in Rom finden, durchaus gefehlt hat. Sie sind über die Gauverfassung auch in späterer Zeit nicht hinausgekommen und haben den strafferen Verband des Staates bis zu ihrer Unterwerfung gescheut.[2])

Es wäre vergebliche Mühe, den Synöcismus, der in Rom stattgefunden hat, weiter ausmalen zu wollen. Die Hauptmomente ergeben sich nach dem Gesagten von selbst.

Gentilität und Clientel, also die speciell gentilicischen Einrichtungen weisen auf sabinischen, *populus* in Anschluss an *urbs, senatus, rex*, also die eigentlich politischen Einrichtungen auf latinischen Einfluss hin. Dasjenige Institut aber, welches zunächst zur Erhaltung der gentilicischen Einrichtungen geschaffen wurde, die Curien, wird zwar in der Tradition auf sabinischen Einfluss zurückgeführt, erinnert aber durch die straffe Organisation und die Zehnzahl auch an das latinische Element, sodass gerade die Curien (und in Verbindung damit die Tribus) sowohl der Zeit ihres Ursprungs als ihrem Wesen nach ganz eigentlich aus der Verbindung und Vermischung beider nationalen Elemente entsprungen zu sein scheinen.

Alles dieses weist nun allerdings nur auf 2 national verschiedene Elemente, auf 2 Tribus, eine latinische und eine sabinische; und einige andere Umstände, wie die Erzählung von dem königlichen Bruderpaar Romulus und Remus, von dem Königspaar Romulus und T. Tatius, von dem zweiten Königstuhl, den Romulus neben den seinen stellte[3]) (vielleicht auch vom *Ianus geminus*), durch welche ausgedrückt zu sein scheint, dass aus einer Doppelherrschaft eine einfache geworden ist, ferner gewisse Zahlenverhältnisse, die unten

---

1) Dion. II, 36; Plut. Rom. 17 zum στρατηγός.
2) Schwegler, R. G. I, p. 244 ff.
3) Serv. Aen. I, 276; VI, 780.

besprochen werden[1]), könnten vielleicht auf die Annahme einer zeitweise dualistischen Gestaltung des Staates hinführen. Aber dem
gegenüber haben wir nun die 3 Tribus.

Diese Schwierigkeit ist den römischen Geschichtsschreibern sehr
fühlbar geworden und hat gar viele Verwirrung veranlasst. Eine
zeitweise Existenz zweier Tribus anzunehmen, ist absolut unmöglich,
da der Begriff es nicht zulässt.[2]) Wären 2 Tribus überhaupt ursprünglich denkbar, so hätte die Tradition diesen bequemen Aus-
weg gewiss benutzt, aus der Schwierigkeit herauszukommen und
den Verlauf klar darzustellen.

Prüfen wir zunächst noch die Namen der Tribus, so kann darüber,
welche Tribus die sabinische Bevölkerung umfasst hat, wenn eine
solche in Rom vorhanden war, ein Zweifel nicht entstehen. Die
Erklärung der Namen *Ramnes* und *Tities* von den Königsnamen
Romulus und *Titus Tatius* wird als einzig bekannte von den Alten
angegeben.[3]) Eben das Ueberzeugende dieser Erklärungen hat dem
Dionysius Schwierigkeiten gemacht; desshalb hat er diese Namen
lieber ganz verschwiegen. Denn ihre Erwähnung an rechter Stelle
hätte die Erzählung, nach welcher Romulus die 30 Curien, also
auch die 3 Tribus, vor der Einwanderung der Sabiner gestiftet hat,
Lügen gestraft. Wenn man nun meint, alle Angaben über diese
Namen beruhten nicht auf wirklicher Ueberlieferung, so ist es ja
richtig, dass Romulus und T. Tatius als historische Personen nicht
gelten können; wenn man aber weiter sagt, jene Erwähnungen seien
blosse Vermuthungen und nur aus historischer Ausdeutung geschöpft,
so ist dies doch keineswegs sicher, sondern gerade die entgegen-
gesetzte Möglichkeit auch vorhanden, dass wie *Romulus* von *Roma*,
wovon *Ramnes* doch wohl kaum zu trennen sein wird, so *Titus Tatius*
von den *Tities* seinen Namen empfangen hat. Denn man wird diesen
Tities oder *Titienses* oder *Tatienses* doch schwerlich alle Beziehung
zu den *sodales Titii* oder *Titienses*[4]), welche sabinische Culte auf-
recht zu erhalten bestimmt und daher dem Könige T. Tatius 'geweiht waren, absprechen können. Wenn aber *Titus Tatius* wirklich
der Eponymos der *Tities* ist, so wäre doch die Identität der ursprünglichen *Tities* mit den sabinischen Einwanderern ohne Bedenken
anzunehmen. Auch kann ja gerade diese Benennung des Anführers
der Sabiner sich aus der Erwägung und aus der bestimmten Kenntniss herschreiben, dass alle diejenigen patricischen *gentes*, welche
man als sabinisch kannte, wie die *Fabii, Quinctii, Valerii*, dass viel-

---

1) Cf. p. 99 ff.
2) Ob 2 φυλαί denkbar sind, ist ebenfalls zweifelhaft, wenngleich
dieser Begriff eine Zahl nicht vorzeichnet.
3) S. die Stellen bei Schwegler I, p. 498.
4) Tac. ann. I, 54. Beachte auch Varro l. l. V, 85 *dicti ab avibus
Titiis, quas in auguriis certis observare solent;* wie es scheint, in einer von
der latinischen abweichenden Weise. Cf. p. 100.

• leicht auch die später aufgenommenen *Claudii*, dass ferner doch wohl auch die *curia Titia*[1]) zu der Tribus der *Tities*, resp. zu den diesen angehörenden Curien gehörten. Jedenfalls konnte man dies aber auch noch in der Zeit unserer Quellenschriftsteller constatiren, sodass man darin ein sehr sicheres Kriterium gehabt hat, um die Mythe, resp. jene Namensableitung als sinnreich anzunehmen oder als verkehrt abzulehnen.

Wenn aber die Tribus der *Tities* mit Recht auf die sabinischen Einwanderer zurückgeführt wird, so kann wohl kaum die Frage entstehen, welche von den beiden übrigen Tribus die älteren Bewohner des palatinischen Roms, welches wir als eine ursprünglich latinische Stadt ansehen müssen, umfasste. Auf die *Ramnes* weist neben der Beziehung zum Stadtnamen *Roma* selbst der Rangstreit hin, um so zu sagen, welcher bei Aufführung der Tribusnamen zwischen *Ramnes* und *Tities*, und nur zwischen ihnen, wegen der Reihenfolge[2]) besteht.

Was aber die *Luceres* anlangt, so wollen wir eine Lösung des alten Räthsels nicht weiter versuchen. Weder die Tradition, noch die Staatseinrichtungen geben einen genügenden Anhalt, um in dem dritten Stamm eine besondere selbständige Nationalität ursprünglich erkennen zu können. Eine Möglichkeit wäre es, dass neu hinzutretende Geschlechter gerade bei der dritten Tribus am leichtesten Aufnahme fanden, weil diese am wenigsten Grund zum Hochmuth, am meisten Bedürfniss nach Verstärkung haben mochte. Denn jene Symptome eines Dualismus, die besonders, wo es sich um Ehren handelt, in den Zahlen des Senats und der Priesterämter hervortreten, während doch die ursprüngliche Dreizahl der Tribus durch die stets einhellig überlieferten Ziffern der Curien, der Celeres, der Legion unzweideutig bezeugt ist, scheinen hinreichend zu beweisen, dass die *Luceres* nicht nur mit Recht an dritter Stelle genannt werden, sondern dass sie auch gegen die beiden andern Tribus anfangs zurückstanden. Unter diesen Umständen ist es doch wohl das natürlichste, anzunehmen, dass die *Luceres* zunächst der Doctrin, des Tribusbegriffs wegen hinzugenommen wurden, sodann dass sie aus eben vorhandenen, also schon landsässigen Elementen bestanden, und darnach weiter, dass sie den *Ramnes*, den alten Bürgern, nahe verwandt waren, dass sie aber doch zu diesen nicht ganz gehörten, dass sie desshalb in den engeren Verband ihrer Tribus nicht aufgenommen, sondern als dritte, anfangs geringer geachtete, Tribus constituirt wurden.

Es ist nun sehr klar, dass auch mit dieser Neugründung Roms, mit dieser Vereinigung der latinischen Römer und sabinischen Quiriten die Verschiedenheit, ja der Gegensatz beider Nationalitäten nicht sogleich ausgeglichen war, zumal da er ja durch die Schei-

---

1) Paul. Diac. p. 366. *Titiensis tribus*. *Titia curia*.
2) Becker II, 1 p. 27. A. 40f.

dung der Tribus bewahrt wurde. Um richtig beurtheilen zu können, wie weit derselbe ging, würde es aber vor allem wesentlich sein zu wissen, welcher Grad von Selbständigkeit der einzelnen Tribus uranfänglich verfassungsmässig zugestanden war, denn eine solche anzunehmen ist aus dem Begriff der Tribus und aus dem Zweck der Einrichtung nothwendig. Dies ist nun freilich ein sehr dunkler Punkt, in den Aufklärung zu bringen nur in sehr geringem Grade gelingen kann. Wir müssen zunächst versuchen, die Symptome aufzuführen, welche von diesem Kampfe der Stämme noch zeugen. Denn da die Existenz einer selbständigen sabinischen Ortschaft neben der römischen Stadt (wenn eine solche überhaupt je bestanden hat) nur sehr vorübergehend gewesen sein kann, so werden alle Merkmale, welche uns auf eine ernsthafte Rivalität der beiden nationalen Elemente hinführen, auf die Zeit der Selbständigkeit der Tribus bezogen werden müssen.

Erstens die Nachricht, welche die Könige abwechselnd den verschiedenen Stämmen zuweist, indem sie den Romulus zum Latiner, den Numa zum Sabiner, den Tullus zum Latiner, wenn auch aus den Luceres, den Ancus wiederum zum halben Sabiner macht.

Sodann die Festsetzung der Senatorenzahl auf 200, eine Zahl, die so bestimmt in der Tradition auftritt[1]), dass sie sich ohne Weiteres nicht bestreiten lässt, sondern zu irgendwelcher Zeit wohl Geltung gehabt haben muss. Da sie in den Schematismus des dreitheiligen Roms nicht passt, so findet sie nur so ihre Erklärung, dass zu den 100 Senatoren des palatinischen Roms 100 Senatoren aus den Sabinern hinzugefügt wurden, sodass die älteren Beisassen der Römer, die Luceres, anfangs im Senat nicht vertreten waren. Diese Anschauung hat gar nichts Anstössiges, wenn wir berücksichtigen, was wir oben über die beiden einzigen Functionen der *patres* im Senate, auf die sie ein Recht hatten, über *patrum auctoritas* und *interregnum*, erfahren haben.

Diese Nachricht wird nun nachdrücklich unterstützt durch die Zahlenangaben über die alten Priesterthümer der *pontifices, augures* und *Vestales*. Zunächst ist es die Unklarheit selbst, die in diesen Zahlenangaben waltet, welche beweist, dass jene einfache Regel, welche später dem Princip der alten Dreitheilung entsprechend die Zahlen festsetzte (so 9 dann 15 *pontifices,* 9 dann 15 *augures,* 6 *Vestales*), ursprünglich nicht bestanden hat, da sonst solche Schwankungen in der Ueberlieferung kaum entstanden wären.

Nach Livius[2]) hätte es bis zum Jahre 300 nur 4 *pontifices* gegeben, zu denen damals 4 hinzugefügt wurden. Hier muss ein Irrthum vorliegen, weil zweifellos die Zahl eine ungerade damals schon gewesen und wiederum geworden sein muss. Vier sind damals

---

1) Dion. II, 47. 57. Plut. Rom. 20.
2) X, 6, 6; 8, 2; 9, 2.

sicher nur hinzugetreten.[1]) Also ist zu vermuthen, dass Livius die ganz alte Zahl der *pontifices* vor Augen gehabt hat und richtig angiebt, aber vergessen hat, dass nach Vertreibung der Könige der *pontifex maximus* als fünfter hinzugekommen war. Cicero[2]) spricht gleich zu Anfang von 5 *pontifices*, setzt also den *pontifex maximus* in die königliche Zeit, womit er höchst wahrscheinlich irrt. In jedem Falle aber laufen diese Zahlen darauf hinaus, dass die Tribus der *Ramnes* und *Tities* je 2 stellten, die Tribus der *Luceres* einen, oder wahrscheinlicher keinen. Dass der collegialische Charakter erst späterhin deutlich hervortritt, da in königlicher Zeit der König ihr Gebieter war, ist oben angedeutet. Später wurden natürlich alle 5 Priester beliebig aus den Tribus cooptirt; aber erst im Jahre 300 wurde ihre Zahl der im alten Wesen überall hervortretenden Dreitheiligkeit accommodirt.

Was die Augurnzahl anlangt, so ist Ciceros Angabe[3]) von anfänglich 3 Augurn eine wenig Vertrauen einflössende, da sie aus der erst später berechtigten Theorie der Dreitheiligkeit, die auch Livius anführt[4]), hervorgegangen ist. Damit erscheint denn ganz in Widerspruch und aus der Idee der beiden bevorrechtigten Stämme hervorgegangen seine Angabe, nach welcher Numa 2 neue Augurn hinzufügte.[5]) So stehen wir wieder vor der irrationalen Fünfzahl. Livius' Angabe[6]) von ursprünglich 4 *augures* ist zuverlässiger, zumal der Schriftsteller selbst sich darüber wundert, dass diese Zahl zu den 3 Tribus nicht passt. Im Jahre 300 wurden sicher 5 neue *augures* hinzugefügt.[7]) Wenn also fortan die Zahl zur dreitheiligen Gemeinde stimmen sollte, was ja offenbar später Doctrin ist, so müssen es ursprünglich 4 *augures* gewesen sein. Daraus folgt wiederum, dass je 2 *augures* aus den *Ramnes* und den *Tities* genommen wurden, aus den *Luceres* aber keiner. Dies liesse sich sehr wohl daher erklären, dass die Latiner und Sabiner, d. h. also die *Ramnes* und *Tities,* verschieden beobachteten[8]), dass die *Luceres* aber, den *Ramnes* verwandt, ebenso-beobachteten wie diese und daher ursprünglich mit ihnen gemeinsame *augures* hatten. So ist das Tribusprincip, soweit als nöthig, bewahrt, aber erst später ganz durchgeführt. Desshalb lässt sich aber auch nicht annehmen, dass die Augurn von alter Zeit her in dem Sinne wie späterhin ein *collegium* bildeten, und desshalb ist wiederum an der ursprünglich graden Zahl derselben kein

1) Liv. X, 9, 2 sind die Namen genannt.
2) de rep. II, 14, 26.
3) de rep. II, 9, 16 *ex singulis tribubus singulos.*
4) X, 6, 7. 8.
5) de rep. II, 14, 26.
6) X, 6.
7) Liv. X, 9, 2.
8) Ueber verschiedene Arten zu beobachten vgl. Becker, R. A. IV, p. 356 ff. Cf. Varro l. l. V, 85. *Sodales Titii dicti ab Titiis avibus quas in auguriis certis observare solent.*

Anstoss zu nehmen. Erst seit dem wichtigen Jahre 300 ist ihre Zahl stets eine den Tribus entsprechende und zugleich ungrade gewesen.

Dieselbe Bedeutung hat die Vierzahl der Vestalischen Jungfrauen, welche einmüthig überliefert wird.[1]) Erst später erfolgte ihre Vermehrung von 4 auf 6[2]), ebenso wie die des Senates von 200 auf 300, wodurch erst auch hier dem Tribussystem sein volles Recht zu Theil wurde.

Wie aus diesen Zahlenverhältnissen, so ist auch aus der ursprünglichen Verschiedenheit der Religionsgebräuche, vor allem der Götterkreise, die Rivalität eines latinischen und sabinischen Elements innerhalb der Gemeinde, d. h. der beiden ersten Tribus, deutlich zu erkennen. Noch in späterer Zeit vermochte man in Rom sabinische Culte von latinischen wohl zu unterscheiden, wenngleich allmählich eine solche Ausgleichung eingetreten war, dass man die Erhaltung der sabinischen Eigenthümlichkeiten im Religionswesen einem besonderen Collegium, den *sodales Titii*, zu übertragen bedacht gewesen ist. Eine Reihe von Gottheiten, die im Collinischen Stadttheil (im Sabinerviertel) ihre Cultstätten hatten, sind uns als specifisch sabinisch und den Latinern fremd bekannt[3]), wie Semo Sancus, Sol, Luna, Fortuna, Flora, besonders aber Quirinus und die capitolinische Trias (d. h. Jupiter, Juno und Minerva[4]) in Zusammengehörigkeit). Andere waren den Latinern ursprünglich allein eigen, wie Janus und Mars.[5]) Andere waren beiden eigen, wie Jupiter und Juno, andere wurden parallelisirt, wie Semo Sancus — Dius Fidius und Quirinus — Mars. Einige wurden sogleich übernommen, andere erst später ausgetauscht. Janus Geminus scheint auf die Verbindung der Stämme in gewisser Selbständigkeit, Janus Quirinus auf die völlige Verschmelzung hinzudeuten. Der Parallelismus zwischen Mars und Quirinus, durch die Bestellung eines grossen *flamen* für jeden von beiden, durch die Einsetzung der *Salii Agonales* oder *Collini*[6]) in Nachbildung der alten palatinischen *Salii*, endlich durch die Romulusmythe aufs nachdrücklichste bezeichnet, bewahrt ebenso wie die doppelten *Vestales, augures, pontifices* die Parität. Dagegen wird durch den *flamen Dialis*, der als höchster Opferpriester dem gemeinsamen latinischen und sabinischen Jupiter angehört[7]), vor allem aber endlich durch die Uebernahme der capitolinischen Trias auf die ganze Stadt, durch die Verlegung des Capitoliums auf den Burghügel als auf den neutralen, gemeinsamen Ort (obgleich der *deus Terminus* sich nicht

1) Dion. II, 67. Plut. Num. 10.
2) Dion. II, 67. Plut. Num. 10.
3) Becker IV, p. 29f. Ambrosch, Stud. 169 ff. p. 174.
4) Varro l. l V, 74.
5) Ambrosch l. l. p. 143; p. 150f.
6) Dion. II, 70. Liv. I, 27.
7) Becker IV, p. 30.

beseitigen lassen will)[1]) die völlige Verschmelzung der patricischen Bevölkerung, die Aufhebung der Stammesgegensätze ausgedrückt. Wir bemerken in allem diesen nur den Gegensatz zweier verschiedener Elemente. Daraus folgt nun allerdings nicht nur, dass die dritte Tribus jenen Beiden an Bedeutung ursprünglich nachstand, sondern auch dass sie der einen und zwar, wie wir annehmen müssen, der ramnischen in sacraler Hinsicht ganz nahestand. Eine Spur solcher engeren Zusammengehörigkeit möchte noch in der Nachricht von dem *septimontium*, d. h. dem Feste der *septem montes,* hervortreten. Diese sind[2]) Palatinus, Velia, Cermalus, Fagutalis, Oppius, Cispius und ein siebenter, dessen Name, ob nun Subura oder Caelius lautend, factisch den letztgenannten Berg oder einen Theil desselben bezeichnete. Diese sogenannten 7 *montes* benennen nun die Sitze der *montani*[3]) nud zwar nicht sowohl den *pagani* gegenüber, wie Varro[4]) zu meinen scheint, sondern vielmehr den Collinischen Römern gegenüber. Bei diesem Feste erscheint die erste und dritte Tribus vereint, die zweite ausgeschlossen.

Alle diese Gegensätze beweisen zunächst eine Sonderung der Tribus als theilweise verschiedener Cultgenossenschaften; aber sie deuten zugleich, zumal wenn wir berücksichtigen, wie nahe und innig religiöse und politische Dinge bei den patricischen Römern zusammenhingen, auch auf politische Trennung und Selbständigkeit nachdrücklich hin.

Um aber zu erfahren, welcher Art dieselbe gewesen sein mag, müssen wir nach politischen Organen der Tribus fragen.

Dass darunter Sonderversammlungen innerhalb der Tribus nicht verstanden werden dürfen, dass es in Rom nicht mehr als einen *senatus* und einen *populus* gegeben hat, bedarf keines Beweises; aber dieses Nein hat für die Vorstellung von der Selbständigkeit der Tribus, die wir uns etwa machen können, keine Bedeutung, da ja auch der *senatus* und der *populus Romanus*, wie wir gesehen haben, mit dem eigentlichen Regiment, mit den regelmässigen Vorgängen im Staate, so lange es einen König giebt, sehr wenig zu thun haben. So kann denn für die Annahme einer Selbständigkeit der Tribus sich allein daraus etwas ergeben, ob dem Könige, dem Herrscher der Gesammtheit, analoge Theilhäupter unterstanden, welche ihm gegenüber die Selbständigkeit der Tribus, soweit sie bestand, vertraten.

Dafür müssen wir nun die *tribuni* ansehen, von denen wir einige Kunde haben.[5]) So dürftig aber diese Nachricht auch ist, so wenig zuverlässig sie, an und für sich betrachtet uns erscheint, so muss

1) Liv. I, 55 u. an vielen Stellen. S. Schwegler I, p. 771 Anm. 2.
2) Fest. p. 348 u. Paul. Diac.
3) Vgl. Mommsen, R. G. 50 ff.
4) l. l. VI, 3.
5) Dion. II, 7; Plut. Rom. 20; Dig. I, 2, 2, § 20. Ascon. Cic. Verr. I, 5.

sie doch als ganz sicher gelten, weil die blosse Existenz des Namen
tribunus und die spätere Behauptung desselben in seinen verschiedenen Bedeutungen sich allein auf diese Weise und aus dieser Anwendung erklärt. Denn dieses Wort kann ursprünglich nichts anderes
bezeichnen als den Vorsteher einer *tribus* schlechthin, was nun eben
die *tribus* war. Die *tribus* bedeutete aber z. B. nie eine Abtheilung
der römischen Legion im technischen Sinne, sondern sie war der
dritte Theil des *populus*, ein Stamm, die Verbindung von 10 Curien.
Also war auch der *tribunus* nicht blos und nicht zunächst Heer-
führer, sondern Vorsteher einer solchen Tribus in jeder Beziehung,
in welcher die Tribus etwa selbständig erschien.

Können wir hiernach die alten *tribuni* auf die militärischen
Befugnisse nicht beschränken, so ergiebt sich eine gewisse richterlich-
administrative Thätigkeit im Frieden. Einen Anhalt dafür dürfte
das Wort *tribunal* gewähren, welches den *suggestus*, den erhöhten Platz,
bezeichnet, auf den der Beamte in seiner richterlichen Function
seinen Amtsstuhl stellte, sowohl in der Stadt als auch im Lager[1]);
ein Wort, welches weder von den *tribus* direct, noch von irgend
welchen andern *tribuni* auf irgend welche Weise erklärt werden
kann. Auch die Existenz verschiedener Tribunale an verschiedenen
Orten in späterer Zeit, die Selbständigkeit, mit der die Beamten
immer neben einander und jeder für sich gerade die richterliche
Thätigkeit übten, während sie sonst meist collegialisch wirkten, könnte
dafür sprechen. Gerade die Ueberlassung solcher richterlichen Functionen konnte als eine relativ geringe Beeinträchtigung der königl-
lichen Gewalt erscheinen; dennoch hat das *imperium* bald auch diese
Befugnisse in sich centralisirt.[2])

Mit solcher Thätigkeit im Frieden war aber die militärische
verbunden, denn nur so erklärt es sich, dass der Name *tribuni* auf
das Heerwesen überging, während doch, wie gesagt, die *tribus* Heeres-
abtheilung im technischen Sinne nicht war. Wenn nämlich *tribus*
eine militärische Abtheilung auch nicht bedeutet, so wurde doch das
Heer nach den Tribus ausgehoben[3]) und zog nach ihnen geordnet
ins Feld. Das beweisen nicht nur die alten Reitercenturien, welche
immer die Namen der Tribus besessen und allein behauptet haben,
sondern auch die Abtheilungen der Fussgänger, welche ja ihren Namen
milites von dem *mile*, d. h. dem Contingente von 1000 Mann, welches
die einzelne Tribus stellte, erhalten haben. Also müssen ursprünglich die *tribuni* Befehlshaber der Gesammtcontingente der Tribus,
sowohl der Reiter als der Fussgänger, gewesen sein.

Es entsteht nun die Frage, ob mit diesen vereinten richterlichen
und militärischen Befugnissen in der Weise, wie ja überhaupt diese

1) Vgl. z. B. Caes. b. c. III, 20, 1; Liv. XXVIII, 27, 15.
2) Cic. de rep. V, 2, 3.
3) Wie auch später nach den Bezirkstribus. Vgl. Serv. Centurienverf.
Progr. Sorau 1874. p. 19 u. 27.

patriarchalischen Würden allseitig waren, auch sacrale Functionen sich verbanden. Hierfür fehlt es nun allerdings au einem positiven Anhalt, wenn wir nicht die Analogie der griechischen φυλοβασιλεῖς [1]), die sonst den Tribunen völlig gleichartig sind und gerade ihre sacralen Functionen später allein behauptet haben, dafür nehmen wollen. Uebrigens lässt sich wenigstens gegen solche Annahme kaum etwas einwenden. Denn dass diese sacralen Functionen bei den Römern verschwunden und nicht wie die der Curionen erhalten sind, erklärt sich daraus, dass eben die Tribus verschwanden oder vielmehr beseitigt wurden, dass sie von der Gesammtheit, welcher fortan die 30 Curien direct unterstehen, aufgesogen worden sind, dass die Functionen der Tribunen, auch die sacralen, auf das Haupt der Gesammtheit übergegangen sind. Sollten aber zu einer Zeit, als z. B. die Tribus der Tities ihr *capitolium* in sabinischer Weise für sich besass, nicht auch sonst gemeinsame *sacra* der *tribules* bestanden haben, bei welchen ein Tribus-Vorsteher in hausväterlicher Weise im Namen der Gesammtheit des Stammes zu fungiren hatte?

Wie weit nun aber die Machtsphäre der Tribunen auf den einzelnen Gebieten reichte, oder was dasselbe sagen will, wie weit die politische Selbständigkeit der Tribus sich erstreckte, wird sich genauer nicht constatiren lassen. Der Name und Begriff des *rex,* die Erblichkeit des Königthums, welche wir in der Idee voraussetzen müssen, seine Rechte gegenüber den *patres* und dem *populus* beweisen zur Genüge, dass die Machtbefugniss der Tribunen nicht blos quantitativ, insofern sie nur einen Theil umfasste, sondern qualitativ davon verschieden war. Die Schrankenlosigkeit des königlichen *imperium* gilt auch ihnen gegenüber und erstreckt sich auch über sie insofern, als der König sie — allerdings auf Lebenszeit, was aus ihrem sacralen Charakter folgt — ernannte und über ihre Person dieselbe Gewalt übte, wie über jeden anderen. Die Beseitiguug der Würde selbst bedeutete freilich eine Aenderung der staatlichen Institutionen und lag nicht allein in seiner Hand.

Bald aber traten solche Aenderungen ein. Wie wir oben annehmen mussten, dass den Curionen zunächst die militärische Competenz entzogen ward, so scheint es umgekehrt gewiss, dass die Tribunen zuerst die Friedensgewalt verloren, indem der König die ganze richterliche Gewalt allein an sich zog, und auf die militärische beschränkt wurden. Denn an dieser blieb der Name der *tribuni* hangen, indem man in der nächsten Zeit mit diesem Namen nur militärische Führer bezeichnete.

Ueber das weitere Schicksal des Tribunats ist aber das Urtheil sehr erschwert durch die unvollkommene Kunde, die wir von der Würde des *tribunus celerum* besitzen.[2]) Was davon bei Gelegenheit

---

1) Hesych. Phot. in *Ναυκραρία*. Poll. 8, 120.
2) Dion. II, 13. Pomp. dig. I, 2, 2, 15. 19. Ioh. Lyd. de mag. I, 14. 37.

der Brutushistorien erzählt wird[1]), ist ja in jeder Beziehung unglaublich. Die Erfinder jener Geschichten scheinen den *tribunus celerum*
als den vornehmsten der militärischen Tribunen angesehen zu haben.
Nun mag vielleicht ehedem im Lager die Einrichtung bestanden
haben, dass der Oberbefehlshaber in seiner Abwesenheit einen der
tribuni militum mit seiner Stellvertretung betraute, nämlich als noch
weder Legaten noch Quästoren die Feldherrn begleiteten. Solch *tribunus* hatte dann allerdings auch das Recht im Lager die *contio* zu berufen. (Später wurden ja sogar *tribuni militum* mit consularischer Gewalt betraut.) Aus solchen Vorstellungen, vor allem aber natürlich,
weil man verkehrter Weise eine Aehnlichkeit mit dem *magister equitum*
zu erkennen glaubte[2]), ist dann die ungerechtfertigte Meinung entstanden, dass Brutus der *tribunus celerum* des Königs gewesen sei
und in Abwesenheit desselben Contionen gehalten habe. Man beachtete dabei nicht einmal den Missstand, dass der dem *magister equitum* analog geltende *tribunus celerum* den König nicht ins Feldlager
begleitet haben soll. Aus den übrigen Nachrichten geht jedoch soviel hervor, dass die Würde von Anführern der Reiterei und dass
der Name *tribunus celerum* in alter Zeit wirklich existirt hat, sodann, dass ἡγεμόνες τῶν κελερίων, resp. *tribuni celerum* gewisse
sacrale Functionen zu verrichten hatten.[3]) Nur die Zahl dieser
Anführer ist durch diese Nachrichten nicht sicher gestellt. Man
hat einen, man hat ihrer drei angenommen.[4]) Aber die Annahme eines *tribunus celerum* ist unmöglich, weil der Begriff und
der ganze sonstige Gebrauch des Wortes *tribunus* seine Anwendung
nur für ein Glied einer gleichartigen Mehrzahl gestattet. Wollte
man aber das Wort *celerum* appositiv auffassen, so dass einer von
mehreren *tribuni militum,* der speciell *tribunus celerum* genannt wurde,
gemeint wäre, so wäre *tribunus celerum* nicht mehr ein alter fester Titel
und Rechtsbegriff. Hiernach erscheint die Annahme von drei *tribuni
celerum* geboten. Wenn aber diese Annahme berechtigt ist, so dürfte
alsdann eine andere mit Sicherheit sich ergeben, nämlich die, dass diese
tribuni celerum ursprünglich die alten *tribuni* oder Stammvorsteher
sind. Der Beschränkung derselben auf die militärische Würde war
eine weitere durch Bestellung der (ganz verschiedenartigen, jährlich
ernannten) *tribuni militum*[5]) gefolgt. Denn der Name der letzteren
beweist, dass sie anfangs zu den *celeres* nicht in Beziehung standen,
weil diese selbst mit den *milites* (den Tausenden der Fussgänger)
in Gegensatz standen. Da nun aber die Stammtribus selbst ver

---

1) Dion. IV, 71.
2) So Dion. IV, 71. u. andere.
3) Dion. II, 64 ἡγεμόνες τῶν κελερίων. Cal. Praen. bei Orelli II,
p. 386 *faciunt in comitio saltu(s salii adstantibus pon)tificibus et trib(un?)*
celer(um).
4) Mommsen, R. G. I, p. 73.
5) Vgl. Serv. Centurienverf. Progr. Sorau 1874. p. 17f.

schwanden, sodass sie allein in den Namen der alten Rittercenturien erhalten blieben, die überhaupt fortan das einzige Institut sind, welches die alten Tribus noch in gewisser Weise repräsentirt, so ist es natürlich, dass auch die Competenz der alten *tribuni* oder Stammvorsteher auf diese Centurien selbst beschränkt, dass ihr Name durch die Bezeichnung als *tribuni celerum* specialisirt wurde.

So wird es auch erklärlich, dass, als alle *sacra* der *tribus* oder Stämme beseitigt resp. verallgemeinert wurden, allein die *sacra* der *centuriae celerum,* welche immerhin noch als *sacra* der *tribus* betrachtet werden können, bestehen blieben, und dass die ursprünglichen *tribuni* als *tribuni celerum* diese *sacra* vertraten. Uebrigens ward bald genug die factische Anführung der *celeres* den lebenslänglichen *tribuni celerum* entzogen (wie sie denn die neuen Rittercenturien des Servius niemals befehligt haben) und den *tribuni militum* mit übertragen. So blieb von jenen nichts übrig, als ein, wie es scheint, unbedeutendes Priesterthum.

Die Beseitigung der alten Stammtribus war eine so schnelle und so vollständige, dass, wie es scheint, schon bei der servianischen Reform der Name *tribus* auf eine ganz verschiedene Institution, auf die 4 servianischen Regionen, übertragen werden konnte.

V. Patriciat und Königthum.

Wenn im Wettstreit der Stämme, der zuletzt zum völligen Ausgleich führte, der patricische Staat sich erst zu derjenigen Stufe innerer Durchbildung entwickelt hat, in welcher wir ihn im dritten Abschnitte dargestellt haben, so ist dagegen durch einen anderen Kampf, welcher sich ohne Zweifel von Anbeginn erhoben hat, die Zersetzung und Auflösung des patricischen Staatswesens herbeigeführt worden. Dies ist der Kampf zwischen Patriciat und Königthum.

Wir haben nachgewiesen[1]), dass diejenigen Einrichtungen, welche wir als gentilicisch oder genokratisch bezeichnen können, die Gentilität und die Clientel, welchen auch das schützende Curieninstitut zunächst dienen will, auf sabinischen, alle diejenigen, welche im eigentlichen Sinne als politisch zu gelten verdienen, Königthum, Senat, Populus, auf latinischen Einfluss zurückzuführen waren. So hat sich schon bei der Entstehung dieses patricischen Staatswesens herausgestellt, was die spätere Geschichte Roms, was die Geschichte Alt-Italiens lehrt, wie sehr die Latiner den sabinischen Völkern an politischer Begabung überlegen waren. Wenn nun auch im patricischen Staate genokratische und politische Einrichtungen in wunderbar energischer Verschmelzung erscheinen, wenn auch Sabiner und Latiner in Rom sich mit einander aussöhnten und seit dem Ausgleich der Tribus das Patriciat in seltener Geschlossenheit erscheint, so verbergen sich doch im ganzen Organismus Gegensätze, die unversöhnlich waren und bald im Kampfe gegen einander sich versuchen mussten. Die genokratische Tendenz nun vertraten naturgemäss die *patres*, gestützt auf das Alte, auf die unveränderlich geltenden gentilicischen Institutionen, welche der göttliche Wille schützte; die politische Tendenz dagegen verfocht das Königthum, indem es seine Hülfe im *populus* als der höchstberechtigten Quelle menschlichen Wollens suchen musste.

Trotz der ausgesprochenen, klaren Gestaltung, in welcher die echt politischen latinischen Ideen uns entgegentreten, sind es doch nicht diese, sondern es sind die sabinisch-gentilicischen Ideen, welche dem patricischen Staate in der Zeit seiner Blüte den specifischen

---

1) Cf. p. 94 ff.

Charakter aufdrücken.[1]) Es kann dies nicht wunderbar erscheinen nach den Rückschlüssen, die wir auf das Gewicht des sabinischen Elements und des sabinischen Einflusses für die älteste Zeit aus dem Umstande machen mussten, dass das sabinische Wesen in Rom auch späterhin sich noch so lange behauptet hat, trotzdem die Bevölkerung vorherrschend aus dem latinischen Stamme Verstärkung erhielt. Unverkennbar wird dies weiterhin, wenn wir den Versuch machen, das oben dargestellte Staatswesen uns verwirklicht zu denken.

Dass der *populus* mehr ein vorhandener Rechtsbegriff, als ein praktisch wirksamer Factor war, ist schon oben gezeigt worden. Auch der *senatus* hatte, wie meist anerkannt wird, als blosser Rath des Königs nur eine discretionäre Bedeutung. So fällt als Vertreter des echt politischen Elements der Träger des *imperium* mit seinen Substituten und Gehülfen allein ins Gewicht.[2]) Unter den entgegenwirkenden Momenten, welche wir als gentilicische bezeichnen müssen, kommt zunächst die *patria potestas* in Betracht. Wo der Staatsgedanke Energie erlangt, ist eine solche Grenzenlosigkeit der väterlichen Gewalt unhaltbar und muss bald schwinden. An allen, die unter derselben stehen, hat das Gemeinwesen, wenn es sie in seinen Dienst ziehen muss, um so zu sagen, unberechenbare Grössen, Functionen mit einer Unbekannten, welche durch den väterlichen Einfluss repräsentirt ist.[3]) Desshalb hat bei fortschreitender politischer Entwicklung die väterliche Gewalt überall an Bedeutung verloren; wo der Staatsgedanke am schärfsten auftritt, wie z. B. in Sparta, da ist sie ganz beseitigt dadurch, dass der Staat die Erziehung übernimmt; im Idealstaate Platos schafft der Absolutismus der Staatsidee die väterliche Gewalt durch Beseitigung des Vaterverhältnisses aus der Welt. Im patricischen Rom dagegen hat die väterliche Gewalt die denkbar stärkste Entwicklung gewonnen, nicht blos an sich, sondern noch mehr durch Ausbildung des ihr ganz analogen Patronatsverhältnisses. Nach den oben gewonnenen Resultaten haben wir die Masse der Bevölkerung im Clientelverhältniss zu einer beschränkten Anzahl von Gentilhäuptern zu denken. Da nun das Wesen der Clientel darin besteht, dass der Patron die unumgängliche Rechtsvertretung des Clienten besitzt, so erscheint praktisch in allen denjenigen Fällen, in welchen ein Rechtsstreit zwischen Clienten desselben Patrons vorlag — und diese Fälle mussten einen starken Procentsatz ausmachen —, der Patron zugleich

---

1) Serv. Aen. VIII, 638. *Sabinorum mores populum Romanum secutum Cato dicit.*

2) Es entspricht diese Annahme durchaus dem, was in der Zeit des Königthums und der herrschenden Aristokratie vom δῆμος (λαοί, ἀγορά) iu den griechischen Staaten gilt und bekannt ist.

3) Vgl. den Fall, wo der Vater an dem Sohne für dessen ihm missfällige Amtsführung im Consulate die Todesstrafe vollzieht. Liv. II, 41, 10. (*Sp. Cassium patrem*) *cognita domi causa verberasse ac necasse.*

als Kläger und Vertheidiger, das heisst als Richter. Ein Process
zwischen Clienten und Patronen war aber nach dem Wesen des Instituts undenkbar. So sehen wir denn leicht, dass die Geschlechter
mit ihrer Clientel particularistisch-geschiedene Körperschaften[1]) —
nun darf auch sagen *familiae* — bildeten, in denen das Gentilhaupt
— als *pater familias* — der einzige und nächste Gebieter war. Nur
die wenigen Agnaten, die *sui iuris* waren, entzogen sich dieser
Herrschaft.

Es ist nun augenfällig, wie sehr durch dieses Verhältniss die
Staatsgewalt beeinträchtigt war. Zunächst im Frieden. Denn offenbar
erstreckte sich zunächst die richtende Gewalt des Staates nur auf
Streitigkeiten, die zwischen gerichtsmündigen Patriciern überhaupt,
sonst nur auf solche, die zwischen Angehörigen verschiedener *gentes,*
resp. zwischen verschiedenen *gentes* vorlagen, in welchen Fällen die
Parteien durch Patricier vertreten waren, die ihre eigene oder die
Sache ihrer Clienten führten. Wenn wir aber vom Tribunat der ältesten
Zeit eine richtige Anschauung gewonnen haben, so werden alle diese
Streitigkeiten vor das Tribunal eines *tribunus* gehört haben, falls
sie zwischen Angehörigen derselben Tribus schwebten; und dieser
Fall mochte, wenn wir uns anfangs die Tribus auch im Verkehr
im gewissen Grade abgeschlossen denken, der gewöhnlichere sein.
Schwebten Streitigkeiten zwischen Angehörigen verschiedener Tribus,
so nahm die Angelegenheit vielleicht eben dadurch einen andern
Charakter an und gehörte vor den Richterstuhl des Königs. So
sehen wir denn, wie wenigstens im Frieden der obersten Staatsgewalt eine Zurückhaltung auferlegt war, die bei aller theorétischen
Machtvollkommenheit des Königthums praktisch einer starken Beschränkung gleichkommt. Desshalb ist es natürlich, dass die Könige
bald durch Verschmelzung der Tribus die richterliche Gewalt wenigstens der *tribuni* an sich zogen und so alle Angelegenheiten, die
überhaupt vor Gericht kamen, selbst entschieden.[2])

Man kann nun aber doch noch einen andern Fall anführen, in
welchem die oberste Staatsgewalt richterlich eingriff, nämlich wo
der Staat selbst von dem Einzelnen geschädigt war. Ein solcher
Fall ist z. B. *perduellio.* Unter diesen Begriff gehört auch, wie mir
scheint, *parricidium,* d. h. arger Mord, der nicht privatrechtlich
sühnbar war, sondern von dem der Staat ohne Weiteres Kenntniss
nahm. Der Name *perduellio* sagt uns, dass die Rechtsanschauung
eine solche That und einen solchen Rechtsfall mit dem *duellum* zusammen brachte.[3]) So sieht es denn so aus, als ob selbst dieser

1) Fest. p. 343. *Sabini dicti, ut ait Varro, quod ea gens penates
praecipue colat deos.*
2) Ist vielleicht seitdem der fahrende Richterstuhl, die *sella curulis,*
üblich geworden, indem der König innerhalb jeder Tribus an bestimmten
Malstätten, vor verschiedenen Tribunalen, Recht sprach?
3) Der Horatier wird wie ein bezwungener *hostis* unter das Joch geschickt.

Fall nicht den regelmässigen friedensrichterlichen Functionen des Königs zuzurechnen ist, sondern näher zu den Rechten des Oberfeldherrn in Beziehung steht.

Dass im Kriege sich die königliche Gewalt energischer bethätigte und directer eingriff, dass jene Schranken hier meist übersprungen werden mussten, liegt in der Natur der Sache. *Patria potestas* und *patrocinium* waren im Lager suspendirt. Dennoch machten sich bei der Ausrüstung des Einzelnen, wie bei der Bestellung der Anführer die gentilicischen Verhältnisse und Institute in hemmender Weise geltend wenigstens so lange, bis eine allgemeine und genau durchgeführte Heeresorganisation die Contingente der Bewaffneten bestimmt vorschrieb, und die Ernennung der Anführer, welche auch die Aushebung besorgten, in die Hand des Königs gelegt wurde. Aber diese kräftigste Seite des Königtums erlitt wieder Abbruch und verlor an Bedeutung, weil der Krieg selbst dem patricischen Staatswesen durchaus zuwider war. Es wird nämlich bald zu zeigen sein, dass jeder Krieg und zwar um so mehr, je mehr er glücklich ausfiel, den Bau des patricischen Staates gefährdete, indem der letztere die Möglichkeit der Erweiterung fast ausschloss. Desshalb musste das patricische Rom nach den Bedürfnissen seiner Verfassung, desshalb musste das Patriciat, welches diese Verfassung als sein Palladium festhielt, absolut friedlich sein.

Als diejenige Seite des Königtums aber, auf welcher es mit der Gentilverfassung am meisten in Einklang sich befand und mit keinem gentilicischen Sonderrechte collidirte, erkennen wir die priesterliche. Denn als Priester ist der König der Vater der Gesammtheit; er tritt nicht nur überall da auf, wo die Gesammtheit Beziehung zur Gottheit sucht, sondern, wenn es richtig ist, dass er selbst in ältester Zeit später gesonderte, entschieden priesterliche Functionen übte[1]) und die Sonderpriester ernannte und ihnen vorstand, auch da, wo der Einzelne durch Vermittlung der Priester sein Anliegen an die Gottheit wirksam anbringen wollte. Am deutlichsten tritt uns überhaupt der Charakter des patricischen Staates der ältesten Zeit aus dem Religionswesen entgegen. Jene Kreise der von Varro so genannten *dii certi*[2]), d. h. der bei besonderen Verrichtungen sich bethätigenden, in ihrer Wirksamkeit bei denselben und nach der Weise, wie sie angerufen werden müssen, wohl bekannten Götter, beziehen sich auf Ackerbau und Procreation und bezeichnen so die Sphäre und die Interessen, in welchen sich der Geschlechterstaat zunächst ausschliesslich bewegte. Die Erhaltung des Geschlechts und seines Wohlstandes galt als die Lebensaufgabe, die genaue Kenntniss der Culte war die Weisheit der Patricier, vor allen aber

---

1) Cf. p. 85.
2) Becker IV, p. 9 ff.

derjenigen, die aus letzterer Kunde einen Beruf machten, d. h. der Priester, an deren Spitze der König stand.

Aus dem Gesagten geht nun hervor, dass Numa Pompilius, derjenige König, welchen die Tradition auf den Stadtgründer zunächst folgen lässt, das Ideal des Königthums bezeichnet, wie es das Patriciat erdacht hat, und umgekehrt, wesshalb dem Numa durch die in patricischen Händen entstandene und gepflegte Tradition jene Züge geliehen sind. Als der absolut friedliche König, als der tiefe Kenner und weise Stifter des gesammten Religionswesens, als geborener Sabiner repräsentirt er das mit der gentilicischen Idee und mit dem Patriciat in vollem Einklange befindliche Königthum.

Aber es ist offenbar, dass das Königthum, wenn es die Grösse des Staates und sein eignes Interesse im Auge hatte, wenn es die in ihm selbst und in der Gesammtheit des kernigen Volkes liegenden Kräfte erwog, sehr bald andere Wege einschlagen musste, Wege, welche den gentilicischen Interessen schnurstracks entgegenliefen und es mit denselben bald in Conflict bringen mussten. Das natürliche Streben nach Machtvergrösserung fand das naturgemässe Mittel im Kriege. Sollte der König auch nicht Eroberungskriege führen, war ihm auch das Recht der Kriegserklärung einigermassen beschränkt[1]), so war doch die Möglichkeit sich in einen Krieg zu verwickeln ihm gar nicht abzuschneiden, und die heiligsten Ordnungen des Fetialrechts schützten nicht davor. Der Krieg aber und die Eroberung vergrösserte hier nicht blos den Umfang seiner Macht, sondern stärkte sie auch intensiv. Denn der Krieg brachte den Oberfeldherrn mit Suspendirung der gentilrechtlichen Sonderbeziehungen in directe Beziehung zur Masse, und der Sieg knüpfte wie überall das Heer an den Führer, den *populus* an den *rex*, das demokratische Element auf Kosten des aristokratischen an das monarchische. War auch die Eroberung dem Geschlechterstaate und dessen Vertretern, den Gentilvätern, im höchsten Grade widerwärtig und gefährlich, so war sie doch der Menge der Einzelnen, insofern sie Beute und durch Mehrung des *ager publicus* Besitzvergrösserung brachte, verlockend. Und dieser Lockung waren vielleicht die Patricier, welche nur Heredienbesitzer waren, die *iuniores*, die auch sonst neuerungssüchtiger und königsfreundlicher erscheinen[2]), nicht am wenigsten ausgesetzt. So konnte vielleicht der nächste und wichtigste Factor, wo es Neuerungen galt, nämlich der *populus*, gewonnen werden.[3]) Und der Eroberungskrieg selbst musste, wie wir sahen, im patricischen Staate an und für sich als Neuerung angesehen werden, und zwar bei glücklichen Resultaten als eine höchst gefährliche Neuerung, welche an den Grundlagen der Verfassung rüttelte. Denn diese Verfassung

1) Cf. p. 74.
2) Liv. I, 47, 7. Ebenso die *patres minorum gentium*.
3) Vergl. die verschiedenen Vorwürfe der *ambitio*, die in der Liv. Darstellung gegen die letzten Könige erhoben werden. I, 35, 2; 46, 1.

gab in ihrer ganzen Einrichtung kein Mittel und keine Möglichkeit
zur regelmässigen Staatserweiterung an die Hand, da was der Staat
eroberte und unterwarf, nicht den Geschlechtern und Geschlechtsvätern zufallen konnte, und da diese die einzigen Besitzer und Herren
bleiben wollten. So mussten die *patres* zäh an ihren geheiligten
Institutionen festhalten und ihre Zahl als eine geschlossene betrachten. Das Königthum aber, welches nach weiterer Herrschaft und
freier Macht trachtete, musste die Regeln der Gentilverfassung ver-
achten und ihre Schranken zu brechen suchen. So gelangte es zur
Vermehrung der *celeres*, wenn auch die Zahl der Centurien unverändert blieb, gewiss nicht ohne den Beifall und die Unterstützung
der patricischen Jugend. So erreichte es bald volle Freiheit bei der
Aushebung (*lectio*) und in der Ernennung der Führer. So übersprang
es auch die gentilicischen Schranken bei der *lectio* in die Rittercenturien, indem es ohne andere Rücksichten die tüchtigen nahm,
und bei der *lectio* in den Senat, indem ohne Vermehrung desselben
auch die Gentilväter der Luceres durch königliche Berufung und
unter dem Beifall wenigstens dieser einen Tribus in denselben Aufnahme fanden. Aber was schlimmer war: auch die Aufnahme neuer
gentes in die alten Curien ist von dem Königthum durchgesetzt. Den
Häuptern des Patriciats freilich mochte dies alles als trotzige Verachtung der Götter erscheinen.

Wenn hiernach der Krieg die Waffe des Königthums, die Achilles-
ferse des Patriciats war, wenn die Vergrösserung des Landes, die
Vermehrung der Geschlechter, vor allem aber die Aenderung an den
bestehenden Ordnungen als frevelhafte Neuerung erschien, in welche
die Väter und die Götter niemals willigen konnten, so begreifen
wir, wie die patricische Tradition das Beispiel des schlimmen Königs
gebildet hat. Schon dem Romulus ward *ferocitas*, ein kriegerischer,
tyrannischer Sinn von den Vätern beigemessen, und sein Ende demgemäss von der andern Seite jenen Schuld gegeben. Aber der Typus
des feindlichen Königs ist Tullus Hostilius. Denn er ist *ferocior
Romulo*[1]), er ist der absolut kriegerische und gottlose König. Er
erobert und zerstört, und was schlimmer ist, er verpflanzt fremde
Elemente nach Rom[2]) (ich spreche nicht von einem historischen
Factum, sondern von der Idee, die man mit dem Charakter des
Tullus verband); er erzwingt die Erweiterung der Bevölkerung, insbesondere des Patriciats, und erlaubt sich unregelmässige Aufnahmen
in den Senat. Die priesterlichen Functionen erscheinen ihm unkönig-
lich[3]); er zieht sich den Hass der Götter zu, und als er die Hülfe
derselben und ihren Beifall zu seinen Neuerungen ertrotzen will,
was in dem Cultus des *Iupiter Elicius* ausgesprochen liegt, wird er

1) Liv. I, 22.
2) Liv. I, 30 f.
3) Liv. I, 31.

vom Blitz erschlagen. Auch die Einsetzung der *duoviri perduellionis*[1]) und die Einrichtung des Perduellionsprocesses könnte, obwohl sie in der Tradition eine andere Wendung erhalten hat, sehr gut ursprünglich auf eine Erweiterung der königlichen Macht, welche im Namen des *populus* geübt wird (*in causa publica*), gegenüber der väterlichen Gewalt gedeutet werden; denn gerade dem bittenden Vater gegenüber macht der Staat seine Gerichtsbarkeit geltend. Endlich ist es der Name und Ursprung des Königs, welcher auf diese Tendenz hinweist. Er ist nicht Sabiner, sondern Latiner, oder noch schlimmer, er ist vielleicht nicht einmal Ramner, sondern gehört den Luceres an, ist ein Fremder, Auswärtiger, worauf der Name Hostilius, Enkel des Hostus Hostilius[2]), und die Tradition über den letzteren deutlich hinweist.[3])

So können wir sagen, dass die römische Ueberlieferung neben dem Gründerkönig Romulus in Numa ein Muster nach der sabinisch-gentilicischen Staatsidee, wie sie im alten Organismus des Patricierstaates allerdings begründet ist, in Tullus ein Muster des latinisch-politischen Königthums geschaffen hat, welches die sacralen Schranken brechen und den Staat zur freien Machtentfaltung führen wollte. Stellung und Ziel, Mittel und Wege des Patriciats und des Königthums sind damit in ihrem ganzen schroffen Gegensatze im Allgemeinen deutlich und nachdrücklich gekennzeichnet.

Was indess die geschichtliche Entwicklung im Einzelnen anlangt, welche der römische Staat unter den Königen genommen hat, so ist noch alles in so sagenhaftes Dunkel gehüllt und durch so unglaubwürdige Nachrichten verwirrt, dass wir auch auf die Namen und Personen der weiteren Könige, etwa vom Namen der Tarquinii (Tarpeji?) abgesehen, gar nichts geben können. Dennoch ist diese Tradition nicht so verzweifelt, dass sie uns nicht im Allgemeinen eine Vorstellung gäbe, und dass nicht gewisse Hauptmomente gerade was jenes Ringen zwischen Patriciat und Königthum betrifft, aus ihr mit voller Sicherheit geschlossen werden könnten. Die ganze Entwicklung nämlich führte, wie sich dies aus den erkennbaren Resultaten ergiebt, äusserlich von kleinen Anfängen zu bedeutender Macht, zu Reichthum und Glanz, innerlich zur völligen Zersetzung des streng geordneten patricischen Staatswesens. Aber nicht nur dies steht fest, sondern auch einzelne Stadien dieser Entwicklung, besonders in den Verfassungsverhältnissen, lassen sich aus einzelnen zuverlässigen Nachrichten deutlich erkennen und finden auch in den mythenhaften Erzählungen einen bezeichnenden Ausdruck.

Es treten fünf Entwicklungsphasen hervor. Als die erste sehen wir diejenige Zeit an, in der gefährliche Neuerungen in den Staat sich einschlichen, ohne dass und ehe dass man an Abhülfe dachte.

---

1) Liv. I, 26.
2) Liv. I, 22; Dion. III, 1.
3) So Schwegler, R. G. I, p. 583. A. 1.

Es sind zunächst jene Anfänge der äusseren Machtentfaltung, welche die Tradition dem Könige Ancus zuschreibt. Dass die Römer Alba zerstört haben, ist mit vollem Grunde bezweifelt worden. Diese Erzählung muss wohl als mythisch gelten, wie denn auch der König, dem sie zugeschrieben wird, wohl der Typus einer allgemeinen Richtung, aber noch nicht der Typus einer bestimmten Epoche ist. Aber dass das älteste Rom mit seinem nur zum 5—7. Meilensteine reichenden Gebiete sich zunächst durch die Gebiete jener Städte erweitert hat, deren Zerstörung dem Könige Ancus Marcius zugeschrieben wird, als Politorium, Tellenae, Ficana, Medullia[1]) (die wohl meist in der ortsarmen Gegend südlich der Stadt gelegen haben), dass ferner[2]) die Anlage der *arx Ianiculensis* und des *pons sublicius,* der Gewinn der Hafenstadt Ostia und der Salinae und die Nutzung beider die Anfänge neuer Erweiterungen und eines neuen Verkehrslebens bezeichnen, ist doch im hohen Grade wahrscheinlich.

Der beginnende Verkehr mit dem Lande jenseits der Tiber und mit der See brachten besonders von Etruskern und Griechen neue Anregungen in das bis dahin engherzig abgeschlossene römische Wesen. Was Mommsen vom ältesten Rom, wie mir scheint, mit Unrecht behauptet hat, dass es die Rhede von Latium gewesen sei, das wird nun allmählich wahr und bleibt es bis nach dem Sturz des Königthums. Die Erhaltung des Geschlechts und einer bedeutenden Clientel ward nicht nur durch Besitz am wachsenden *agr pu-blicus,* sondern auch durch Gewerbe, welche die Clienten zu treiben begannen (und aus der Ackerbau treibenden Bevölkerung hat sich in Rom schnell auch ein Handwerkerstand gebildet[3]), sehr erleichtert. Ein sich entwickelnder Handelsverkehr lehrte die Bedeutung des Geldes. Die Gefahren, die mit diesen Neuerungen verbunden waren, erkannte man erst später oder war nicht im Stande ihnen zu wehren. Eine Gefahr aber war schon greifbar vorhanden. Die Bewohner der unterworfenen Städte konnte man weder verjagen, noch konnte man sie der Natur des Verhältnisses nach in die Clientel der Einzelnen zwingen, man wollte ihre Städte aber auch nicht stehen lassen, man wusste nach der Verfassung überhaupt mit ihnen nichts anzufangen. Also nahm man ihnen einen Theil des Gebiets und beliess sie im übrigen. Aber der Mauern beraubt, ohne städtische Verfassung bedurften und verlangten sie von dem Sieger Schutz. Der Staat jedoch konnte sie nicht in sich aufnehmen. Es ist der gröbste Irrthum der Tradition, wenn sie diese Unterworfenen von vorn herein einfach

---

1) Liv. I, 33. Dion. III, 38.
2) Dion. III, 45.
3) S. Schwegler I, 629, Anm. 2 Stellen über die *opifices.* Wenn es heisst, diese seien vom Kriegsdienst und Stimmrecht ausgeschlossen gewesen, so kann dies erst mit Recht von der Zeit der Censusclassen und der Hoplitenphalanx gesagt werden.

als neue Bürger zurechnet[1]), aber die Neueren verfahren nicht klarer,
wenn sie bei aller Absicht die *plebs*, deren Anfänge sie hier richtig
erkennen, von der Altbürgerschaft zu scheiden dennoch die wichtigste
und einzig wirkliche Scheide, den Begriff des *populus* und das Institut der *curiae*, ihr gegenüber nicht festhalten, sondern ihr in
beiden, oder in dem einen Platz einräumen. Der eine Fehler ist
so gross wie der andere, denn *populus* und *curiae* sind identisch.
Der Eintritt konnte nur in der Form der Clientel oder durch Constituirung neuer *gentes* gewährt werden. Und dazu verstand man
sich nicht, denn sonst wäre eben keine *plebes* d. h. keine unorganische Menge entstanden. Wenn sich aber der Staat in dieser Weise
ablehnend verhielt, so konnte er doch denen, welche er des eignen
Schutzes beraubt hatte, den Schutz nicht versagen, sondern er musste
ihn gewähren, schon auf Grund des römischen Asylrechts. Was
vielleicht zuerst von den ursprünglichen Elementen der *Luceres* gilt,
dass sie Schutzgenossen waren durch das alte Asyl *inter duos lucos*
aufgenommen, ein Asyl, welches nachher geschlossen ward[2]), vielleicht um die Geschlossenheit des Patriciats zu bezeichnen, dasselbe
gilt von neuem für diese Unterworfenen, den Grundstock der *plebs*.
Da sie in die Clientel einzelner Personen nicht traten, so traten sie
in eine Art Schutzverhältniss zum Könige als dem Vertreter der Gesammtheit. Wenn die Tradition berichtet, Ancus Marcius habe die
Bewohner der eroberten Städte auf dem Aventinus und in der Murcia
angesiedelt[3]), so ist dies grundfalsch. Denn diese Plebejer waren
Landbauer und wurden nicht Stadtbewohner, wie dies längst erwiesen ist. Auch war der Aventinus noch bis zum Jahre 453 *ager
publicus* und theilweise bewaldet.[4]) Aber wenn ihnen Schutz geboten ward, so musste man sie im Falle eines feindlichen Angriffs
auch innerhalb der Mauern aufnehmen. Desshalb kann es doch ganz
richtig sein, dass der Aventinus von uralter Zeit her Plebejerquartier
war, wie uns dies berichtet wird[5]) und in der Lage des Cerestempels
eine bedeutsame Bestätigung befindet. So würde es sich erklären,
dass einerseits der Aventinus schon durch Ancus befestigt wurde[6]),
und Servius ihn in seine Mauer einschloss, dass er aber anderseits
ausserhalb des *pomerium* blieb und wie ein fremder Bestandtheil
behandelt ward.[7])

So fügte sich in der *plebs* ein fremdes unorganisches Element

---

1) Cic. rep. II, 18, 33; Liv. I, 33 und Dion. III, 37, der sie in die Curien
vertheilen lässt.
2) Liv. I, 8.
3) Liv. I, 33.
4) Dion. X, 31.
5) Liv. II, 28 *plebs nocturnos coetus pars Esquiliis, pars in Aventino
facere.*
6) Cic. rep. II, 18, 33. Dion. III, 43.
7) Er bleibt ausserhalb der servianischen Regionen und ist der Ort
der peregrinen Culte.

dem patricischen Staatswesen an. Zwar hatte es zunächst mit demselben wenig zu thun. Diese lätinischen Bauern, welche den Grundstock der *plebs* bildeten, hatten ihre eignen Culte nnd Gebräuche. Die römische Gentilität und Clientel war ihnen fremd. Ihr Grundbesitz war freies veräusserliches Eigenthum; denn sie waren gewöhnt, ihre Formen des Kaufs und Verkaufs auch auf den Grundbesitz[1]), ja auf die Ehe[2]) anzuwenden. Und diesen Fremden wurde nun vom römischen Könige nach seinem Ermessen Schutz und Recht gewährt und gesprochen; ohne ein wohl geordnetes Verhältniss zum Staate traten sie zum Könige doch in engste Abhängigkeit und zur Bürgerschaft in enge ansteckende Berührung.

Diese Anfänge neuer Verhältnisse, welche wir als die erste Epoche der oben bezeichneten Entwicklung betrachten, hat die römische Tradition, wie wir sahen, unter einen König Ancus Marcius verlegt und denselben nicht unzutreffend gezeichnet. Für mehr als den Typus einer Epoche können wir ihn auch nicht halten. Er ist ein Doppelcharakter. Er ist ein halber Sabiner (mütterlicherseits) und von Natur friedlich; d. h. er hat im Gegensatz zu seinen Nachfolgern an den alten Ordnungen nichts geändert, sie nicht offen angefochten, sondern das Uebel nur heimlich einschleichen lassen. Er hat aber dennoch Kriege geführt und ist so Bildner und Patron der *plebs* geworden. So wird er von beiden Seiten gelobt, der *bonus Ancus*. Und ihm wird die Ausbildung des Fetialrechts zugeschrieben, welches Recht und Religion auf den Krieg anwendet.

Wenn sich der Beginn dieser neuen Entwicklung zu äusserer Grösse und innerem Zerfall als eine erste Epoche an den einen Königstypus unserer Tradition anknüpfen lässt, so ist dies bei weiterem Fortschreiten nicht in ganz entsprechender Weise der Fall. Wir können die folgenden drei Könige, obwohl sie scheinbar schon ein bestimmteres Gepräge haben, wegen der Unglaubwürdigkeit dieser genaueren Nachrichten im Allgemeinen nicht von einander sondern — abgesehen von einer Beziehung[3]), in der auch sie uns drei Epochen deutlich zu kennzeichnen scheinen —, sondern mir müssen uns begnügen die „Periode der tarquinischen Könige", wie sie sich als Ganzes deutlich abhebt und treffend bezeichnet werden kann, im Allgemeinen zu charakterisiren.

Es wird vergebens bestritten, dass das königliche Rom in seiner letzten Zeit das folgende erste Jahrhundert der Republik an Bedeutung weit übertroffen habe. Wenn dies schon aus unserer gewöhnlichen Tradition unverkennbar hervorgeht, so muss man bedenken, dass diese Tradition durch die Hände einer Aristokratie vermittelt ist, welche die grösste Abneigung gegen die jüngere Periode des

---

1) Cf. p. 11.
2) Cf. p. 26 und Lange, R. A. I. p. 119.
3) Cf. p. 119.

Königthums bei sich hegte, welche das grösste Interesse hatte, die gewaltigen Verluste an Ansehn, die Rom unter ihrer Herrschaft erlitten, soviel als möglich zu bemänteln. So wurde das erste Jahrhundert der Republik mit nichtigen Siegen ausgestattet, das letzte der Königszeit möglichst geschmäht, verkleinert und absichtlich vergessen. Im ersten Jahrhundert der Republik konnte man keine Mauern bauen, wie die servianische war, man konnte dieses Werk nur verfallen lassen, sodass die Gallier die Stadt im ersten Anlauf überrumpelten. Alle grossen Bauten der älteren Periode führen auf die Königszeit zurück: und es liegt die Vermuthung wohl nicht so fern, dass die Verheerungen, welche die Pest gerade im ersten Jahrhundert angerichtet hat[1]), der Vernachlässigung der grossen Cloakenanlagen, welche das tarquinische Königthum zu Stande brachte, zum Theil zuzuschreiben sind. Schon die Grösse der Stadt, welche durch die servianische Mauer umgeben noch in der Zeit der Weltherrschaft ausreichend war, weisst auf Verhältnisse zurück, die wir aus dem ersten Jahrhundert der annalistischen Tradition heraus nicht begreifen, wenn wir nicht einen gewaltigen Rückschlag annehmen, der nach dem Sturz des Königthums erfolgt sein muss. Wir wollen den Umfang dieser Macht nicht näher zu bestimmen versuchen (was ja anderwärts oft versucht ist) und nur noch das eine hervorheben, dass mit dem Umfang der Stadt, mit der Grösse der Bauten, mit dem starken Einfluss wenigstens des griechischen Elements auf römische Religion und römisches Heerwesen, welcher sich aus dieser Zeit herschreibt und nur durch Schifffahrt vermittelt sein kann, der bekannte, mit zweifelhaftem Recht angefochtene Handelsvertrag mit Carthago[2]) viel mehr in Einklang steht als unsere Tradition und dass auch durch diesen Einklang unsere Tradition in ein übles Licht gestellt wird. Wie dem auch sei, Rom ist unter den letzten Königen zu Grösse und Reichthum gelangt. Das Gebiet ward erweitert, der Latinerbund in ein Abhängigkeitsverhältniss gebracht[3]), der Tempel der latinischen Diana selbst sehr bezeichnend in das Plebejerquartier ausserhalb des *pomcrium* auf den *Aventinus* verlegt.[4]) Mit Etruskern, Phöniciern, Griechen bestand lebhafter Verkehr. Geld ward eine Macht, wie dies die Bedeutung der Schuldverhältnisse im Beginn der republikanischen Zeit beweist. Fremde Cultur ward eingeführt. Etruskische Kunst, griechische Kriegsweise, Haruspicin und Sibyllinische Bücher fanden Eingang.

Mit dieser Grösse wuchsen aber die bezeichneten Gefahren. Die Ausdehnung des Gebiets vergrösserte die *plcbs*, welche ein Macht ward, die offenbar dem Königthum zur vollen Verfügung stand, da

---

1) Schwegler II, p. 614f. 681.
2) Pol. III, 22.
3) Liv. I, 51f. Dion. IV, 49.
4) Liv. I, 45; Dion. IV, 25.

sie politisch rechtlos war und durch Aenderungen nur gewinnen
konnte. Man kann bestreiten, dass der König vor der servianischen
Heeresreform berechtig gewesen sei, die Plebejer zum Kriegsdienste
heranzuziehen. In der *legio* konnten sie keinesfalls dienen, denn
dies war stets Recht des Bürgers, stand also damals denen nicht
zu, die nicht in den Curien waren. Aber ob sie z. B. angegriffen nicht
berechtigt waren, sich selbst zu schützen, ob der König sie nicht
als Nebencontingente waffnen konnte, wie das römische Heer solche
fast stets besessen hat, möchte doch zu erwägen bleiben. Dass
sie nicht ohne alle Eintheilung waren, wenn sie auch an der gesetzlichen Organisation des *populus Romanus* nicht Antheil hatten,
ist selbstverständlich. Sie zerfielen in *pagi* und standen in diesem Sinne
zu den *urbani*, welche bestimmten *vici* angehörten, in Gegensatz.
So bildeten sie factisch, wenn auch nicht gesetzlich, einen Staat neben
dem Staate.

Davon konnte aber der rechte Staat nicht unberührt bleiben.
Wir wissen, dass zahlreiche patricische Geschlechter ausstarben. Die
Clienten derselben waren moralisch nicht genöthigt ein anderes Clientelverhältniss zu suchen, der Erwerb durch Handwerk und Handel bot
Gelegenheit selbständig zu werden. War auch die Existenz innerhalb
der Curien nicht möglich ohne Clientelverhältniss, hörte dieselbe
auch durch Lösung dies Verhältnisses ohne Weiteres auf, so war
doch jetzt eine andere Existenz in Rom möglich geworden. Von
selbst ging der Client, der von seinem Patron frei ward, in die
plebs über. Der Schade, den der Staat dabei erlitt, durch Verlust
an heerespflichtigen Bürgern, war rechtlich nicht abzuwenden. Bald
ward auch das Recht in der Stadt zu wohnen den Plebejern zu Theil.
Davon haben wir nicht nur ausdrückliche Nachricht, insofern der
innerhalb des servianischen *pomerium* liegende *Esquilinus* Plebejersitz
wurde[1]), sondern auch vielleicht eine Spur in dem Namen des *pagus
Succusanus*[2]), da diese Anwendung der Bezeichnung *pagus* auf einen
Bezirk innerhalb der Stadt, wodurch derselbe gleichsam als nicht
städtisch erscheint, sehr wohl daher rühren konnte, dass er einst
ein Wohnsitz der Plebejer war. Bald fanden ja aber auch, wenn
nicht alle Ueberlieferung täuscht, von ausserhalb Zuwanderungen
statt, wie zum Beispiel jene Einwanderung, welche durch den Namen
des *vicus Tuscus*[3]) sicher bezeugt ist. Auch diese Einwanderer
müssen ursprünglich vermöge des Asylrechts Aufnahme gefunden
haben, also der *plebes* zugerechnet worden sein, wenn auch ein Theil
derselben vielleicht unter die Patricier in neuconstituirten Geschlechtern
aufgenommen ward.

Mit dem Eindringen und Ueberhandnehmen fremdartiger Elemente

1) Dion. IV, 13. Liv. I, 44. II, 28.
2) Varro l. l. VIII, 53.
3) Varro l. l. V, 46. Fest. p. 355.

trat aber gleichzeitig auch eine Lockerung innerhalb der strengen
Gentilordnung selbst ein, wie wir dies schon oben[1]) ausführlich erwiesen haben. Wie feindlich auch das Patriciat den Neuerungen
entgegenstehen mochte, es war gegen dieselben und ihre Versuchungen
selbst nicht gefeit. Die Möglichkeit, Capital und dann freies Grundeigenthum durch Kauf zu erwerben, war gewonnen und dadurch
auch für die jüngeren Söhne die Möglichkeit praktisch geboten, eigne
Familien zu gründen. Freier Grundbesitz aber und Theilung der
Geschlechter war mit der alten Gentilordnung und mit dem Wesen
der Clientel nicht vereinbar. So war auch hier, wie wir oben gesehen haben, mit dem Ausgange des Königthums der Verfall längst
eingebrochen.

So grosse Uebel legten die Nothwendigkeit der Heilung an den
Tag. Konnte doch bald die bestehende Verfassung als eine solche
kaum noch gelten, da sie einen sehr grossen, wohl den überwiegen-
den Bruchtheil der Bevölkerung — denn auch noch nach dem Siege
des Porsena erscheint die *plebes* numerisch im Uebergewichte — gar
nicht mehr berührte. Solche Heilungsversuche konnten naturgemäss
zunächst' nur vom Königthum ausgehen, welches ja die Triebfeder
zu all diesen Neuerungen war und in denselben einen Gewinn sah.
Und sie mussten auch im Sinne desselben sich gestalten. Wir sind
nun leicht im Stande drei solche Versuche zu unterscheiden, welche
unsere Tradition sinnreich an die Namen der drei tarquinischen
Könige geknüpft hat.

Der erste Versuch — man schrieb ihn dem Tarquinius Priscus
zu — ging selbstverständlich den geraden, gesetzlichen Weg. Es
wird berichtet, dass König Tarquinius drei neue Tribus habe gründen
wollen.[2]) Wenn Livius nur von Rittercenturien spricht[3]), so steht
das im Einklange mit seiner Redeweise bei der ersten Erwähnung
derselben[4]), wo er auch der alten Stammtribus nicht gedenkt. Es
ist ja selbstverständlich, dass durch neue Stammtribus auch neue
Rittercenturien mit entsprechenden neuen Namen in Gegensatz zu
den alten entstanden wären. Aber der grosse Augur Attus Navius
hat den König gehindert.[5]) Die Absicht auf beiden Seiten ist klar.
Der König wollte die eingerissene Unordnung durch die Aufnahme
der Plebejer in die Bürgerschaft beseitigen und so durch die Bevölkerung der neuen Tribus das Heer und die Macht des Staates
verdoppeln. Die Patricier wollten unter keiner Bedingung ihre
heiligen Ordnungen mit den Fremden theilen. Wenn sie aber auch
mit der Halbirung ihrer Rechte einverstanden gewesen wären, so
konnten sie doch, ohne ihre Institutionen im Keim zu vernichten,

---

1) Cf. p. 29 ff.
2) Fest. p. 169; Dion. III, 71 f.; Zon. VII, 8.
3) I, 36.
4) I, 13.
5) S. bei Schwegler I, 672, Anm. 4 die Stellen.

nicht neben sich andere Tribus und Curien dulden, innerhalb deren
ihr Gentil- und Clientelverhältniss nicht bestand. Letzteres herzu-
stellen war aber offenbar nicht möglich, oder lag wenigstens auf
Seiten des Königthums und der Nächstbetheiligten selbst nicht in der
Absicht. So misslang des Tarquinius Reformversuch durch den Einspruch der Götter. Was er (vielleicht in Folge seines Versuches)
erreicht hat, war ein dürftiges Palliativ. Er setzte nämlich erstens
eine Vermehrung der Heeresmacht in dem werthvollsten Theile, in
der Ritterschaft, durch[1]) und zwar kann dies nicht blos eine Vermehrung der Kopfzahl sein, denn eine solche war schon früher ohne
so eigenthümliche Vorgänge und ohne Einführung unterscheidender
Bezeichnungen erfolgt; sondern durch die Namen Ramnes, Tities,
Luceres Secundi, welche später wirklich zur Zerlegung der *celeres*
in sechs Centurien (*VI suffragia*) geführt haben, wird es deutlich,
dass man dieselben von jetzt an gewissermassen als Doppelcenturien
auffasste, wenn sie auch nominell nur 3 Centurien unter den alten
Namen bleiben sollten. Mit dieser Vermehrung hat es ebenfalls
Zusammenhang, wenn weiter berichtet wird, dass derselbe König
den Senat auf 300 Mitglieder erhoben habe[2]), und dass von ihm zum
Theil die *gentes minores* herrühren.[3]) Diese konnten nur aus der
plebs hervorgehen, vielleicht aus den zugewanderten Geschlechtern
Etruriens (umbrischen Stammes?), bei welchen ebenfalls eine Art
Clientelverhältniss bestand, vielleicht auch aus den latinischen Elementen. Welche gesetzliche Form gefunden ward, um diese Neuerungen ins Leben treten zu lassen, lässt sich nach dem oben gesagten[4]) nur unbestimmt vermuthen. Durch diesen Schritt — und
doch war er so unbedeutend im Vergleich zu dem Uebel — wurde
immerhin die alte Ordnung des Grundbesitzes, die regelmässige Ge-
bietsvertheilung schon völlig zerrissen. Der alte Name des *vicus
patricius*, welcher im Thale lag[5]), kann vielleicht beweisen, dass sich
auch in der Stadt die Wohnsitze der verschiedenen Classen der Bevölkerung schon zu mischen begannen.

Der zweite Versuch, den Staat zu reformiren, welcher an die
Person des Servius Tullius anknüpft, geht nicht den geraden Weg,
sondern sucht auf einem Umwege dasselbe Ziel.[6]) Auch ihm muss
es gelungen sein für seine Einrichtungen einen gesetzlichen Weg
zu finden, oder wenigstens gesetzliche Anerkennung durch *lex populi* und *patrum auctoritas* ihnen nachträglich zu verschaffen. Indem er die alten Institutionen schonte, fasste er zunächt das drin-

1) Cic. de rep. II, 10, 36. Liv. I, 36.
2) Liv. I. 35; Dion. III, 67.
3) Cic. de rep. II, 20. Liv. I, 35.
4) Cf. p. 38 f.
5) Becker, R. A. I, p. 531.
6) Ueber seine Reformen vergleiche „Servianische Centurienverfassung".
Programm. Sorau 1874. p. 11 ff.

gendste Bedürfniss ins Auge. Seine Reform betrifft das Heerwesen allein. Durch eine Organisation desselben, welche die sacralen *centuriae celerum* nicht berührte, aber sonst die gesammte Bewohnerschaft, Patricier, Clienten, Plebejer, in den Legionen und in den *centuriae equitum et peditum* gleichmässig umfasste, glaubte er eine weitere Ausgleichung anzubahnen. Zu demselben Ziele sollte die zunächst auch nur dem militärischen Zwecke dienende Eintheilung der neubegränzten und ummauerten Stadt in 4 *regiones* hinführen, denen er nicht blos die Insassen derselben, sondern auch die Bewohner des übrigen Gebiets zuwies, damit nach ihnen künftighin die Aushebung zum Heere ordnungsmässig erfolge.

Beide Könige hat die Tradition mit zweifelhaftem Wohlwollen behandelt und ausgestattet. Fremdlinge oder gar von sehr dunkler Geburt, unregelmässig in ihren Anfängen und in ihrem Ausgange, sind sie Neuerer und suchen die Volksgunst, deren sie bedürfen, um mit Hülfe des *populus* neue Gesetze zu machen. Die Väter erschweren ihre Absichten, aber nach Attus Navius schwindet der religiöse Nimbus.

Ob das Königthum auf dieser Bahn forschreitend das Ziel erreicht hätte, können wir nicht wissen. Denn ungeduldig — diese dritte Phase ist durch die Person des letzten Tarquiniers bezeichnet — verliess es den Weg der Reform und betrat den Weg der Gewalt. Das Verfahren des Tarquinius Superbus ist aus der Tradition vielleicht im Allgemeinen, doch nicht im Einzelnen zu erkennen. Denn diese Tradition hat den bedeutenden Mann, und als historisch müssen wir ihn in gewissem Sinne betrachten, sehr ins Schwarze gemalt und offen nach dem Muster der griechischen Tyrannen gebildet. Freilich kann er sich diese auch in mannigfacher Hinsicht, im Guten wie im Schlimmen, zum Muster genommen haben. Sicher ist wohl das bewusste Brechen der gesetzlichen Ordnung.[1]) Und damit steht es durchaus im Einklang, dass er die sibyllinischen Bücher, die Quelle griechischer Culte, das religiöse Werkzeug der Neuerungen, während die altrömische Religionswissenschaft unerschütterlich conservativ gewesen war, in das römische Sacral- und Staatswesen hineingetragen haben soll. Ging das Bestreben des Königs auch vielleicht nicht dahin, eine reine Despotie zu gründen, so wollte er doch ohne Zweifel jene Ordnungen des Patricierstaates brechen, welche die Plebejer immer noch von dem Bürgerrechte trennten. Aber die Patricier setzten ihm einen zähen Widerstand entgegen; und so ist auch dieser letzte Versuch des Königsthums den Staat auf neue Grundlagen zu stellen misslungen.

Es folgte als fünfte Phase dieser ganzen Entwickelung der Umsturz. Der Tyrann ward vertrieben. Die Verwaltung des *imperium*

---

1) Vgl. die Darstellung bei Liv. I, 49.

wurde mit einer dürftigen Concession an das gemischte Heer[1]),
dessen Centurien das Wahlrecht der neuen Beamten zufiel, in be-
kannter Weise mit Abzweigung des sacralen Elements geordnet;
was bei der Theilung verloren ging, fiel dem Senate zu.[2]) Die
offenbaren Schäden wurden geflickt. Nichts weiter.

Aber nach dem Sturz des Königthums folgte ein zweiter Fall:
es brach die Macht Roms zusammen. Der Krieg mit Porsenna brachte
den Staat an den Abgrund.

Die Tüchtigkeit der patricischen Bürgerschaft hat ihn gerettet,
freilich indem sie mit grosser Ueberwindung die alten Einrichtungen
preis gab und ihn neu constituirte. Der patricische Staat ist dem
Königthum in den Sturz gefolgt. Das patricisch-plebejische Rom ist
ein anderes.

Man entschloss sich zu dem Opfer nicht mit einmal, sondern
zögernd. Zunächst kann die Einrichtung der 20 oder 21 Bezirkstribus[3]), welche den Begriff und die wesentlichsten Rechte des *populus* auf alle ihnen angehörenden *cives*, Patricier, Clienten, Plebejer,
und die aus ihnen gebildeten Centurien und Centuriat-Comitien
übertrug. Später kam die Decemviral-Gesetzgebung, welche die alte
Gentilität und Clientel beseitigte[4]) und nur die Vorrechte der Patricier als eines Adels der übrigen Civität gegenüber bestehen liess.
Und wahrscheinlich ist mit letzterer auch erst die Aufnahme der Plebejer in die Curien erfolgt[5]), so dass ein halbes Jahrhundert lang
staatsrechtlich der *populus Romanus* zwei verschiedene Gesichter hatte,
indem ein engerer *populus* der Curien neben einem weiteren der
Tribus bestand. Kein Wunder, dass er darüber noch ein drittes
Gesicht erhielt, dass eine *plebs* der Tribus sich bildete.[6]) Damit
war trotz einiger Ausgleichung in späterer Zeit eine einheitliche
Gestaltung der Volksversammlung für immer vereitelt.

Auch andere Elemente haben sich, weil man sich zu den nothwendigen Opfern nicht auf einmal entschloss, eingedrängt, welche
den patricisch-plebejischen Staat zu der Geschlossenheit und Eben-
mässigkeit des alten patricischen Staates niemals kommen liessen.

---

1) Vgl. Serv. Centurienverf. p. 20 f.
2) Wenn einerseits berichtet wird, Brutus habe den Senat aus der
Plebs completirt (Liv. II, 1, 10), andrerseits, er habe die Zahl der patricischen *gentes* vermehrt (Tac. ann. XI, 25), so besteht wohl zwischen beiden
Nachrichten Zusammenhang in der Weise (vgl. Dion. V, 13), dass die erwählten Plebejer zugleich in den Senat und in den Patriciat aufgenommen
wurden. Irrig erscheint mir die Annahme, dass es schon seit der Vertreibung der Könige Plebejer im Senate gegeben habe. Auch der Name der
conscripti ist für jünger zu halten, da er eben die plebejischen Senatoren
bezeichnet. Die erste sichere Erwähnung eines solchen findet sich bei
Liv. V, 12.
3) Serv. Centurienverf. p. 26.
4) Cf. p. 3 f.
5) Cf. p. 40 f.
6) Vgl. „die Tribut-Comitien". Philologus XXXVI, Bd. 1. p. 83 ff.